百森商学院教授创业学经典丛书
Babson Faculty Series on Entrepreneurship

创业
行动胜于一切

Just Start
Take Action, Embrace Uncertainty,
and Create the Future

〔美〕 伦纳德·A. 施莱辛格 (Leonard A. Schlesinger)
查尔斯·F. 基弗 (Charles F. Kiefer)　著
保罗·B. 布朗 (Paul B. Brown)

郭霖　译

北京大学出版社
PEKING UNIVERSITY PRESS

著作权合同登记号 图字：01-2014-1000

图书在版编目（CIP）数据

创业：行动胜于一切 /（美）伦纳德·A. 施莱辛格（Leonard A. Schlesinger），
（美）查尔斯·F. 基弗（Charles F. Kiefer），（美）保罗·B. 布朗（Paul B. Brown）著；
郭霖译. —北京：北京大学出版社，2017.9
（百森商学院教授创业学经典丛书）
ISBN 978-7-301-28436-0

Ⅰ. ①创⋯　　Ⅱ. ①伦⋯ ②查⋯ ③保⋯ ④郭⋯　　Ⅲ. ①创业—研究
Ⅳ. ① F241.4

中国版本图书馆 CIP 数据核字（2017）第 121426 号

Original work copyright © **2012 Harvard Business School Publishing Corporation**
Published by arrangement with Harvard Business Review Press

书　　　名	创业：行动胜于一切 CHUANGYE: XINGDONG SHENG YU YIQIE
著作责任者	〔美〕伦纳德·A. 施莱辛格（Leonard A. Schlesinger） 查尔斯·F. 基弗（Charles F. Kiefer） 保罗·B. 布朗（Paul B. Brown）著 郭　霖 译
策 划 编 辑	叶　楠
责 任 编 辑	任京雪 刘　京
标 准 书 号	ISBN 978-7-301-28436-0
出 版 发 行	北京大学出版社
地　　　址	北京市海淀区成府路 205 号　100871
网　　　址	http://www. pup. cn　　　新浪微博：@ 北京大学出版社
电 子 信 箱	em@pup.cn　QQ:552063295
电　　　话	邮购部 62752015　发行部 62750672　编辑部 62752926
印 刷 者	北京中科印刷有限公司
经 销 者	新华书店
	880 毫米 ×1230 毫米　A5　8.125 印张　161 千字 2017 年 9 月第 1 版　2017 年 11 月第 2 次印刷
定　　　价	42.00 元

本丛书由美国百森商学院、厦门大学 MBA 教育中心和

北京大学出版社联合推出

支持中国的创业创新实践和创业教育实践

These series are brought to you by the collaboration of Babson College, MBA Education Center of Xiamen University and Peking University Press, in support of the practice of Chinese Entrepreneurship and Chinese Entrepreneurship Education

Preface

At Babson College, we educate entrepreneurial leaders who create great social and economic value everywhere.

Babson founded the academic discipline of entrepreneurship; we invented the methodology of Entrepreneurial Thought & Action®; and we redefined entrepreneurship to embrace Entrepreneurs of All Kinds™. We believe that entrepreneurship is a mindset, a way of looking at the world, and that it can be applied in any context, from corporations to startups to NGOs.

Through this book series, we are excited to share key lessons from renowned Babson faculty members with readers around the world. Our Babson faculty members are global leaders in entrepreneurship education. Their unmatched insights into business and entrepreneurship ensure that Babson remains a pioneer in entrepreneurship education and on the leading edge of research and pedagogy.

As we approach our Centennial in 2019, we are focused on preparing entrepreneurs to lead in a new way, creating social and economic value simultaneously, and, in doing so, transforming lives, businesses, and communities for the better. By offering a transformative experience, fostering intentional diversity and preparing graduates to apply Entrepreneurial Thought & Action® in all settings, our graduates are ready to lead and make a difference in our rapidly changing world.

At 40,000 and growing, Babson's global network of alumni and friends is poised to tackle big challenges – climate change, youth unemployment, global poverty – with entrepreneurial energy and Babson spirit; creating jobs, strengthening communities and generating social and economic value that goes beyond personal gain and extends to families, employers and society as a whole.

At Babson, we understand that entrepreneurship is the most powerful force for creating positive change in the world. Now, building on nearly 100 years of leadership in entrepreneurship education, we are striving to bring Entrepreneurial Thought & Action® to everyone on the planet.

This is an exciting time for Babson as we build on our successes and continue into a second century of innovation and leadership. Thank you for being part of this journey.

Sincerely,
Kerry Healey
President
Babson College

丛书序

在百森商学院，我们为创业领袖们提供创业教育。他们无处不在，创造了巨大的社会和经济价值。

百森商学院创立了创业学学科；发明了《创业思维与行动》®的方法论；重新将创业学定义为包含"一切创业行为"®的学科。我们确信，创业学教的是一种心态、一种观察世界的方法，无论是大公司还是初创企业和非营利组织，创业学在任何场景下均适用。

通过这套丛书，我们非常欣喜能够将百森商学院著名教授团队的重要心得与世界各地的读者分享。百森商学院教授团队的成员均为全球创业教育领域的翘楚。他们对商业和创业无与伦比的洞察力使百森商学院在创业教育上一直保持先驱者的地位，同时在研究和教学方法上也具有领先优势。

2019 年，百森商学院将要迎来百年校庆。我们一直专注于帮助创业者做好准备，使他们能够以一种新的方式引领世界，并创造社会和经济价值；在这个过程中，也让自己的生活、事业和社区变得更加美好。通过提供此类变革性的经验，有意识地培养多样性，让毕业生们做好准备，能够将《创业思维与行动》®应用到各行各业，从而在这个快速多变的世界发挥领导作用，产生不同的凡响。

百森商学院在全球的校友和朋友已经超过40,000名，而且人数还在不断增长，他们已经准备好用创业的正能量和百森商学院精神去迎接巨大的挑战，如气候变化、青年失业、世界贫困等；通过创造新的就业机会，强化社区的功能，将社会和经济价值的创造从个人利益延伸到作为一个整体的家庭、同事和社会里。

在百森商学院，我们知道创业学是促使这个世界产生积极变化的最强有力的力量。现在，以近一百年的创业教育领导地位为基础，我们正努力将《创业思维与行动》®带给这个世界上的每一位公民。

百森商学院将立足曾经的辉煌，迈入充满创新和领导力精神的另一个世纪！这是一个多么令人激动的时代！感谢你们成为这一伟大进程中的一员！

克里·希利（Kerry Healey）

百森商学院校长

献给萨阿斯·D. 萨阿斯瓦斯（Saras D. Sarasvathy）

她的研究和深刻见解提醒我们

如何以创业家的方式进行思考和行动

千里之行，始于足下。

——老子

那么，开始行动吧！

——伦纳德·A. 施莱辛格、查尔斯·F. 基弗、保罗·B. 布朗

我们的承诺

如果你应用了本书所书写的部分方法，

不管你要什么，它都将让你离目标更近。

附　言

我们不是保证你一定会成功，

但是我们保证，

即使你失败了，那也将是短暂和很小的损失，

而且还可能（你会发现）是一件好事。

目 录

前言
生活在不确定的世界

身为教师、创新者、商务人士，我们撰写本书的目的是为了回答：如何在一个不确定的世界取得成功。为了寻找这个答案，我们把目光投向连续创业家们，那些在不确定环境中取得辉煌成功的人们。通过这项研究，我们发现他们不仅与常人思维不同，而且行动也不同。基于他们的经验，我们构建了一种穿越不确定环境的具体可行的方法。我们一点一滴地提炼那些让人们在不确定世界获得成功的最重要的因素，并且证明它们是如何适用于每个人和每个情景的。提炼过程已经证明，这种方法适用于我们自己，我们也相信它将适合你，并且我们真心相信它也将让这个世界变得更加美好。

你现在是否感到困惑？ 我们都是这样的 [1]。

如果你是一名刚被解雇的职员，或者是一名四处奔波、到处投简历的大学应届毕业生，或者是一名面临升职天花板的管

---

[1] 莎士比亚曾经说过："我们知道自己是怎样的人，但是却不知道我们会成为怎么样的人。"（We know what we are, but not know what we may be.）——译者注

理人员，又或者是一位正为如何应对新竞争者挑战而焦头烂额的老板，这些突然出现的挑战者似乎要借助破坏性技术颠覆你所处的产业，你就会明白这句话的含义。我们中的大多数都在为我们想要的未来努力地准备着，但未来真的到来时却经常不像我们计划的那样。

这些都让人感到极度困惑和心神不定。

这和我们所受的教育完全不同。在成长过程中，我们不断被灌输要相信未来是可预测的，如果刻苦学习，我们就可以在一个我们了解的环境中获得一份工作，从而过上幸福和成功的生活。

现实的确不完全像我们所希望的那样（甚至对于那些觉得很幸福的人而言也是如此）。很多人，也许是大多数人，并没有在实现个人目标方面取得进展。

我们认为原因十分简单。我们被传授的思考和行动方法只有在未来可预测时才会有效，但在现实生活中这种情景已不多见，就像现在一样。

我们在一个可以预测的世界里做事的步骤如下：

1. 你（或你的父母、老师、老板）预测未来的情景；

2. 为实现未来目标提出多个行动计划，并从中选取最佳方案；

3. 整合实施方案所需的所有资源（教育、金钱等）；

4. 最后开始将方案付诸行动。

学校和各种组织一直给我们灌输的这种思维方式，几乎成为我们做事的唯一方式。作为在已知或可预测未来世界里的一种非常明智的方法，在未知或难以预测的世界里就不一定是一种合适的方法。这就是我们大家内心感到困惑和心神不定的真实原因，因为事情常常不像原先那样是可预测的。

在一个无法进行长期规划或预测成功之路的世界里，什么是实现目标的最佳方法呢？你会发现这是一个令人气馁的问题。但情况的确如此，而且在"变化才是常态"已经成为陈词滥调的今天，它是每个人都必须应对的问题。

本书为此提供了一种解决方案。首先，我们认为，这个世界将会变得更加令人难以捉摸，因此，让我们身陷当今困境的思维方式将会变得日渐收效甚微。其次，面对这一情景，我们急需一种新的思维方法，一种补充但不是替代我们过去被传授的理性思维的新方法。因为还有许多情景依然是可预测的，因此你没有必要完全放弃在这些情景中依然有效的思维方式。你需要的是一种应对新环境的新工具。在本书中你将学到这种新的行动方法。

更具体地说，我们将为你提供已被证明能够有效应对不确定性的方法，它吸取了那些创立了两家或更多成功企业的连续创业家的经验 [1]。为什么选择他们为研究对象呢？彰明较著的

---

[1]　在本书中，我们采用《卓有成效的创业》(北京师范大学出版社，2015 年)一书译法，把那些具有多年创业经验并且相对比较成功的群体称为创业家；而把那些准备创业或者处于公司创业初期的人称为创业者。——译者注

原因是，他们已经掌握了一套应对未知环境的方法。没有什么能够比创立一家企业更具有不确定性的了。在吸取和提炼他们探索和处理问题的方法后，我们将为你介绍：

- 面对不确定未来时应采取的最佳战略和战术；
- 在决策中如何最小化风险和成本；
- 吸引相似思维方式的人和你一起行动的最佳方法；
- 为什么"行动—学习—构建—再行动"是应对未知环境的最佳和最重要的行动方案和步骤。

不论你是正在公司开展一个新的任务还是正在创业，这些已经被证明有效的方法都将助你一臂之力。事实上，这些方法也将使你终身受益。它们将使你在不确定的环境中自由翱翔并帮助你实现目标。

┨ 百森商学院 ┠

读一本书永远无法替代大学教育。因为，大学教育将使你具有较好的洞察力来了解全球领先的商学院（和教授）是如何思考商业社会的。

自从有了美国和全球商学院排名后，百森商学院一直是"各种类型创业"教育的领先者。

如果访问百森商学院的网站，你将看到学院的使命陈述：

"百森商学院能在任何地方教育出创造伟大经济价值和社会价值的领导者。"在使命的右下方是实现这一使命战略的解释："百森商学院因其卓越的创业思维和行动而闻名于世。"

本书的内容实际上来自百森商学院（也是我们）的创业思维和行动理念。在研究和教学中，学院教授们对这种理念的延伸远超本书所介绍的内容。

我们知道这些方法的确可行，因为在创作这本书时我们就用到了这些方法。这些方法也已经被百森商学院这所全球创业教育排名第一的学院所采用，本书作者之一就是百森商学院的校长。

在本书正式出版之前，我们要告诉朋友们在写作时发生的一件有趣的事：我们听从了自己的建议，修改了与最初想法完全不同（我们相信更好）的部分章节。我们还欣喜地发现了一种已经改善了我们生活的方法，并且相信它对大家也大有裨益。

如果我们把本书创作的幕后故事告诉你的话，你将看到这一切是如何发生的。

开始筹划……

这本书刚开始时被定位为一本传统的商业书籍。我们计划写五万字，目的是告知大家：首先，创业家们的思维方式和其他人有所不同，并没有好坏之分，只是不同而已；其次，在此基础上，我们将提出我们的观点，当无法预测未来时，这种与常人不同的思维方式是十分有效的。

从最初的这两个发现提炼出的逻辑结论是十分清晰的。由于我们每天都面临愈加难以预测的商业环境（当 2011 年我们在撰写本书时，世界第 27 大经济体希腊的金融危机正威胁拖垮着全球金融市场），或许这正是一个好机会，它可以使我们以创业家的视角来思考商业问题。

我们并不是要进行全面彻底的改变，例如建议从现在开始，你只能按照创业家的方式进行思考；我们只是建议，你也许可以在你的决策工具箱中增加一个创业家的思维方式。

老实说，我们对自己将要做的事情感觉良好。书稿（像本书一样）是基于科学研究的成果。我们起了一个好听的名字：**逆向思考**，几家大出版商对书籍的内容都表现出浓厚的兴趣，我们甚至开始思考在访谈我们时用的一些妙语警句。生活看来一切顺利，我们轻松地开始《逆向思考》一书的创作……但接下来整个写作出现突变。

啊！

我们非常清楚地记得每件事情改变的时间点。我们已经完成了解释大多数人与成功连续创业家们（指那些成功创立多个企业的人）思考方式存在差异的章节。就像我们先前提到的那样，二者之间的差异十分明显。

早在入学之前，我们就开始接受预测思维（Prediction reasoning）的教育。那是一种基于假设未来将以一种和现在及过去相似情景出现的思考和行动模式。它包含推理和推断，经常采用（有时甚至是非常复杂的）分析的方法。

当商业活动中使用预测思维时，我们通常先从预设一个目标开始：想要创造一个新的产品或提供一种独特的服务。当目标确立后，我们就开始寻找能够完成目标的最优、最快、最低的成本和最有效的方法。这意味着要确定需要的资源——资金、人员、时间等，并计划如何最有效地使用它们。在生产方面是自己生产还是外包，在营销方面如何选择目标市场从而获得最高潜在收益，或者在财务方面如何选择最小风险的融资组合等，这些决策均属于预测思维的范畴。

认为不确定性世界具有可预测性只会给你带来麻烦。

我们提到，绝大多数创业家们的做事方法与常人不同。当然，他们在某些时候也使用预测思维，尤其是当他们的企业已经创立和运营、他们仅需处理任何一名管理者每天都会遇到的管理问题时。但是，他们同时也应用我们称为"创造性行动"（Creaction）的思维方式，这是一个我们把英文创造（Creation）和行动（Action）组合而创造的新词。创造性行动思维可以概括为：未来无法确定是否与过去相似。如果计划可以影响（例如创造）未来的话，你大可不必花费大量的时间去猜测未来会是怎样。

我们对最初这个章节的内容感到十分自豪，但当写完这些后，我们想到两件事：

1. 我们的中心思想是连续创业家们的思维方式与我们绝大多数人不同。这个观点的确是个有趣的主题，但这个世界并不缺乏另一本"不同思维"的书籍。现在至少已经有 8,617 本涉及相同主题的书籍（苹果公司早在 1997 年就制作了告诉人们应该"非同凡想"的广告口号[1]）。

2. 以不同或其他方式思考是了不起的，但是除非你行动，否则任何事情都不会发生变化。画家可以有无数的构思，但除非他拿起画笔画出来，否则画像就不存在。就像经营一家企业，你可以设想自己准备提供的新产品和服务，但除非你把创意付诸行动，否则想法还是想法。

---

[1] 1997 年，苹果公司推出了由乔布斯亲自撰写和配音的广告短片："向那些疯狂的家伙们致敬，他们特立独行，他们桀骜不驯，他们惹是生非，他们格格不入，他们用与众不同的眼光看待事物，他们不喜欢墨守成规，他们也不愿安于现状。你可以赞美他们，引用他们，反对他们，质疑他们，颂扬或是诋毁他们，但唯独不能漠视他们。因为他们改变了事物。他们发明，他们想象，他们治愈，他们探索，他们创造，他们启迪，他们推动人类向前发展。也许，他们必须要疯狂。你能盯着白纸，就看到美妙的画作么？你能静静坐着，就听见美妙的歌曲么？你能凝视火星，就想到神奇的太空论么？我们为这些家伙制造良机。或许他们是别人眼里的疯子，但他们却是我们眼中的天才。因为只有那些疯狂到以为自己能够改变世界的人，才能真正地改变世界。"——译者注

正如谚语所说，最后才见分晓。

创业家们有着不同的思维方式，但更为重要的是，他们本能的倾向是要把自己的思考转变为立刻的行动，从而验证这些想法是否正确。

传统的创业者形象通常是这样的：首先突发奇想，然后全身心地投入来实现这一创意，最后把他们创造的产品和服务投向完全成熟的市场。但实际的情况却经常不是这样，而更像是你将在本书第五章中所看到的那样。实际上，更典型的创业历程是这样的：他们首先突发奇想，然后朝着实现想法的方向迈出一小步，看看是否有人感兴趣。如果市场看起来存在潜在的可接受性，他们就继续迈出另一步；如果他们没有获得期望的回应，他们就会重新部署，然后在其他方向尝试另一个行动。

换言之，他们是这样的：

- 行动；
- 学习（从前面的行动中）；
- 构建（基于前面的学习），再次行动。

这个步骤不断循环重复，直到下列情况出现：创业成功，清楚知道该创业无法成功，或者确定存在另一个看起来更值得追求的创业机会。

创业家们的思考方式与我们如此不同的主要原因就是来自这个行动、学习、构建、再次行动从而又再次学习的循环，这也是他们的思考方式为什么对我们同样有效的主要原因。

一般情况下，当遇到一个问题时，我们常常被告知："不要畏惧。你有一个好的计划，要做的只是加倍努力和增加投入来克服困难。"这是典型的预测思维。预测思维就是设定一个目标，制定一个建立在未来预测基础上有效率或最优的计划，一旦确定目标，你所要做的就是坚持按照计划行动。因为目标和计划来自你的预测，因此一定不会错。所以，当行动出问题时，你要做的只是更加努力。

创业家们则采取不同的方法。首先，他们有一个想法，例如：我想创立一家自己的公司，或者更明确的，我准备创立一家公关公司。然后，他们就开始行动。

一旦行动，他们就开始评估市场反应。"嘿，看来好像没有人对出现一家新的公关公司给予特别的关注呢。但是，还是有一些熟悉的顾客赞赏我给出的关注与员工沟通的建议。也许，我的业务应该放弃与外部沟通的公关，而专注公司内部的沟通。"

换言之，创业者们并不承诺于拟定的行动计划（创立一家公关公司），而是承诺于自己的目标。在这个例子中，目标就是"创立一家能够让自己获得乐趣和成就感的企业"。

这就是一种完全的创造性行动。在预测思维中，任何扰乱你的行动计划或使你偏离轨道的东西——惊奇、挫折等，都被认为是负面的。相反，创造性行动把这些东西都视为是正面的。"知道没人需要一家新的公关公司这一事实是件好事。它表明我没有必要浪费时间去创立一家这样的公司。它让我看到了一个关注内部沟通的创业机会。"

当面临一个未知的未来时，就像"不知道是否有人愿意聘用我的新公关公司"的情况一样，创业家们是通过行动来寻找答案，而不是预测未来会发生什么。他们应对未知未来的方法促使我们决定改变写作计划。

如果你无法（或者越来越难）预测未来，行动胜于一切。

灵光乍现

于是回过头，我们意识到大多数创业家们不仅用不同的方式看待这不可预知的世界，而且他们成功应对这一问题的方法也是值得关注和分析的。换言之，我们每个人也都可以应用这种方法。

直到现在，创业管理的大多数研究都倾向于关注创业家的行为，这的确非常特别；没有两个创业者会以相同的方式行事。但是，我们不能仅仅关注他们的行为，我们还必须研究导致他们这些行为的思考方式。

这种能让我们产生惊喜的时刻源于两个原因。

第一，身处愈加不可预测的世界里，你既无法思考每件事或几乎每件事，也无法以任何真实的确定性来预测未来。这意味着，预测思维在当今社会是不完备的，并可能在未来变得更加不足。预测思维的核心是思考，替代思考的方法是采取行动。你需要采取行动来创造自己想要的未来。那就是创业家们在面临未知环境时所采取的方法，也是一种非常适合你的方法。

第二，我们终于明白，创业家们所采取的方法在其他地方同样可行！

一个简单的例子可以证明这一观点。假如，你想要减轻30磅体重。你可以思考所有关于减肥的方法，但如果保持现有的饮食习惯和运动模式，你的体重将不会下降。除非你采取行动，否则任何变化也不会发生。

但应该采取何种行动呢？

在预测思维世界里，你首先可能会制订一个计划。也许你会停止吃碳水化合物，或者模仿现在流行的饮食减肥方法。你会盯住自己的目标——减少30磅。但历史经验告诉我们，你的减肥计划可能不会成功。这种减肥方式所需要承诺的程度（高）和花费的时间（长）对于大多数人而言都太难了。

那些采用创造性行动思维的人则采取不同的减肥方法。他们首先会朝着目标方向迈出我们称之为"明智的一步"（行动）。这种行动并不需要过于积极（如"我开始尝试一天只吃500卡路里热量的食物"）或关注一个大的目标（如"我准备在60天里减30磅的体重"）。

明智的一步也许只是像这样的口号："这星期我想减1磅的体重！"

带着这个模糊的初始目标，你更有可能在未来的7天里减少一点饮食而且增加一些锻炼。到了周末，如果发现的确减了1磅（也许更多），你就会尝试对自己说："看来效果不错。下周继续试试看。"如果你发现没有效果，你就会尝试增加一些其他方法。"嗯，如果我继续坚持锻炼和减少饮食，并且把晚饭佐餐的红酒从两杯减少到一杯，也许就会达到目标。"

如果这种方法奏效，你将会从自己的个人经验而不是从减肥书本上学到一些东西。你获得了成功，就会在下周继续尝试并不断重复，直到实现目标。你已经把一个大的问题"让我减重30磅到底有多难?"变成了一系列的明智小行动：在30周内让自己每周减轻1磅。

我找到了！[1]

你们可以看到，为什么我们会如此兴奋并迫不及待地想把发现与你们分享。在早期的写作中，我们在无意中使用了创造性行动思维——那些成功创业家们使用过的思维方式。我们当时并没有计划如此，也没有对潜在读者做任何市场调查。相反，我们仅仅花了一点的时间和努力，先写完一章；但感觉有点不对，"我们是否真的想写另一本'不同思维'的书?"。虽然我们从中学到了一些东西，但"创作那样一本书并没有让我

---

[1]　英文原标题"Eureka！"据说是古希腊学者阿基米德根据比重原理测出希罗王王冠所含黄金的纯度时所发出的惊叹语。现用于因为重要发明而发出的惊叹。——译者注

们感到兴奋，让我们想想，我们到底要做什么？"于是，我们就开始尝试其他的内容。

我们放弃了最初的计划，并把我们（负面的）的惊奇（社会不需要一本不同思维的书）转化为正面的事情——你正在阅读的这本书。

商业管理是我们最熟悉的领域，因此当本书的关注焦点转变为如何在商业活动中应用创造性行动思维（包括创立新企业）时，我们经常会在书中刻意地零星点缀一些其他例子以凸显"创业思维和行动"适用于任何生活场景。创业思维和行动是百森商学院教授同时使用预测和创造性行动时的术语。

这种方法适用于任何情景，意味着这本书也适合每个人。我们每个人每天都面临着如何应对愈加不确定的世界的难题。

直到今天，当面对这样的难题时，大多数人通常都是在这两种思维方式中二选一，但这样常常无济于事。要么束手待毙，因为不知如何行动；要么继续思考，因为不管是否确定，总归能够对未来进行简单的预测。

本书将提供第三种选择。我们想让创业思维和行动成为一个更开放和更吸引人的概念，从而让它在更大的范围内被更多的人接受。那样，我们就将创造巨大的经济和社会价值，即建设一个更加美好的世界。

创业家们已经证明这个方法是可行的。我们也说服了我们自己，我们也非常想知道它对你是否同样有用。

Part One

第一篇

如何面对不可知情景

What to Do
When Facing the Unknown

第一章
未来无法预测时怎么办

你是否感到困惑：为什么许多事情的完成都要比我们原先想象的更难，并且需要花费更多的时间，而且这种情况日渐增多。

我们无法解释每件事情，但下面的这个解释应该符合绝大多数的情况：我们已经学到的解决问题的方法只适合某种特定的环境。在充满不确定性的今天，我们需要一种不同的方法。

你充满智慧、创造性和能力，可以应对各种挑战。可即便如此，你是否还是发现无法解决的事情在不断增加？问题可能不在于你自身，它可能来自你过去被传授的思维方式。从幼儿园开始，我们就一直在学习预测思维——一种假设未来会和过去十分相似的思维方式。

人口统计学是预测思维如何工作的一个简单的例子。你可以在某种置信度下，利用自己了解的许多信息，估算出 2050年世界人口数量。下面列出了 4 点"信息"：

1. 你需要知道现在有多少人口：约 70 亿；

2. 你要了解这些人口的年龄分布，也就是说，你要知道有多少儿童、有多少人超过 60 岁，等等；

3. 这意味着你可以知道处于 20~30 岁年龄段的人口数量，那也是决定生育的最关键人群；

4. 你还知道最近人口的增长趋势，知道全球人口数量增长速度正在放缓，而且就整体而言，人们倾向于生育更少的孩子。

就像联合国做过的那样，通过研究这些数据及更多其他的信息，你就可以在某种置信度下认为，到了 2050 年我们这个星球将拥有 89 亿人口。有了这个结果，你还可以做一系列相当准确的预测，例如：需要生产多少纸尿片？ 89 亿人每天需要多少加仑的饮用水？以及在 21 世纪中期，美国政府需要支付多少社会保障金？

我们已经很好地应用了预测思维。为了支持这种思维方式，我们开发出了大量的分析工具（统计、概率理论、计算机模拟及其他类似的理论模型）。这些工具具有完美的逻辑性和完整性。从一个科学家的视角来看，它们每次都得出了正确的答案，并且是相同的答案。这样的数学真是了不起。它告诉了我们正确和错误的答案，而且保持着一致性。它让我们可以做一些令人惊奇的事情。例如，你想把一枚火箭送往月球并降落到一个特定的地点（尽管这时火箭围绕着还在沿着月球轨道运转的月球飞行）吗？没有问题，预测思维可以得心应手地让我们做到。想要估计在经济萧条时期可以销售多少辆运动汽车吗？没有问题，预测思维也可以帮助我们做到。

由于在这样的情景及无数其他情景中，预测思维的应用效果是如此之好，我们（和你一样）变得习惯于在任何时候都使用这种思维方式。像任何事情一样，如果你周而复始地用某种方式做事，它就会变成一种习惯，而你看世界的视角也会逐渐受到制约。

但是，并不是每件事情都可以被预见从而进行预测的。想要知道一个正在穿过大厅的可爱男孩是否会和你约会？抱歉，这时的预测思维不会给你任何帮助。想要在花费大量的夜晚和周末时间及努力之前，知道市议会是否会同意你提出的把主大街改为步行街的建议？预测思维在这里也毫无用武之地。想知道市场是否会接受你全新的品牌、全新的产品或服务？预测思维在这样的情景下作用也不尽如人意。

本书的中心思想是：当未来不可预知时（如你辞职创业是个好想法吗？我们正在开发的样品有市场前景吗？），我们传统的思维方式在预测将会发生什么时就会显得捉襟见肘。

你需要一种不同的方法。

我们将为你给提供一种被证明是有效的方法，一种补充我们大家都被教导过的理性思维的方法，从而可以让你在不确定的世界里游刃有余。它将帮助你应对各种不确定情景，不论其程度有多严重。我们知道它是有效的，因为那些每天不得不面对不确定情景的创业家们，总在成功地应用这种方法。

这种方法是否适合他们……

但当人们谈到创业家们时，他们总是聚焦于这些人的行为：霍华德·舒尔茨（Howard Schultz）或迈克尔·戴尔（Michael Dell）在创业时做了什么？如果采取这种研究方法，你可能会得出这样的结论：每个创业家都是独一无二的。因此，很难从这样的研究中学到什么。你只有成为霍华德·舒尔茨才能创立星巴克（Starbucks），同样，只有成为迈克尔·戴尔才能创建戴尔（Dell）。

不妨了解一下我们的朋友萨阿斯·D.萨阿斯瓦斯（Saras D. Sarasvathy），她是美国弗吉尼亚大学达顿商学院教授（我们是萨阿斯瓦斯教授的骨灰级粉丝。如果你想了解更多关于她的观点，请阅读本书结尾的扩展阅读部分）。在早期的研究中，她发现了一个与社会公众观点完全不同的有趣现象。萨阿斯瓦斯研究了连续创业家们，那些成功创立两家或两家以上企业的创业家们。

没有采用观察创业家行为的研究方式，萨阿斯瓦斯教授别出心裁，把研究重点聚焦在他们的思维方法上。她发现连续创业家们在如何思维、如何克服障碍、如何捕捉机会方面表现出了惊人的相似性。当然也存在一些差别，但是她发现，基本方法却总是一致。

面对不确定的未来，创业家们首先采取行动。更独特的是，他们：

1. 先采取一小步明智的行动（参阅下文"什么是明智的行动?"）；

2. 暂停，看看从行动中学到了什么；然后

3. 把他们所学到的东西构建到下一步行动中。

这个行动、学习、构建的过程，就像我们所想的那样，会不断地重复，直到创业家们对结果感到满意为止，或者到他们不想继续（或承受不起）而放弃为止。就在萨阿斯瓦斯进行这项研究的同时，百森商学院的教授们也沿着相同的方向进行着研究，并得到了许多相同的结论。

受到所有这些研究的启发，我们开始以各种方式推广这种思维方式。我们和同事们对自己的观点进行了测试，通过举办二十多场研讨会，邀请那些精明并持怀疑态度的人士来挑战我们提出的框架和结论。他们帮助我们修改和厘清了思路，他们分享的经验也让我们的核心观点变得更具说服力，增强了我们的自信心。

什么是明智的行动?

在介绍如何应用创造性行动时，我们提到，在追求自己的目的和愿望时，你应该采取"明智的行动"。那什么是明智的行动呢?

首先，它是基于你手中拥有的资源的行动。以你所拥有的资源为限，且绝不要超过你能够负担得起的损失，即可承受的损失。行动也包含吸引更多的人参与，虽然在初期并不一定要

这样做。

采取第一步行动后，你应稍加停顿，反省从中所学到的东西。在此基础上，采取另一步明智的行动；如果你的愿望已经实现（或者你发现自己更想要其他的东西），或已经超出了你可承受的损失，则终止行动。

你不断重复这个过程，直到：

1. 你获得了成功。或者

2. 你不想继续了（你改变了想法，其他东西更吸引你）。或者

3. 超出了你可承受的损失。或者

4. 你说服你自己这样做不可能成功。

因此，我们开始思考创业家们的思维方式是否也适用于其他人。在继续这个讨论之前，我们想先对我们的观点做几点说明。

首先，全书在大量应用商业事例的同时，也应用了一些来自日常生活的鲜活例子。因此，这不是一本传统意义上的管理书籍（参阅下文"在本书中你不会看到"）。

其次，当着手研究连续创业家们的思维方式是否适用于每个人时，我们并非想要用它来替代预测思维。这样做的原因有两个。

- 就像我们已经看到的那样，当未来可以被确定地预期与过去相似时，预测思维依然是个好方法。而且，我们提倡的是明智的行动，因此放弃那些在某些情景下依然十分有效的思维方式并不明智。

- 我们一直参考的萨阿斯瓦斯的研究表明，创业家们会不断地在预测思维的有效情景中，也就是当未来和过去将会十分相近的假设符合逻辑时，对其加以使用。

因此，我们不是想要替代预测思维。相反，我们希望知道，理性的创业家们在面临未知情景时的思维方式——我们认为是创造性行动思维——是否对其他人面对那些根本未知的未来时也适用。换言之，我们想要知道创造性行动思维是否可以与预测思维在日常生活中相互补充。（"我能否说服市政府在市中心增加一条自行车道？""如果我创立一家公司是否会有顾客？""我放弃一切加入和平队[1]是否会感到幸福？"）

我们发现，创业家们的思维方式适用于商业活动及任何潜在的其他场合。不论遇到什么样的情景，你都可以把这种思维

---

[1] （美国）和平队，1961年3月由美国总统肯尼迪下令成立。肯尼迪建立和平队的初衷就是要利用美国在经济、技术和文化上的整体优势，同苏联争夺广大的中间地带，并通过和平队向新兴的发展中国家输出美国文化及价值观念，将第三世界国家的发展纳入以美国为首的西方阵营所期待的轨道。资料来源于百度百科。——译者注

方式—— 一种可以帮助你应对高度不确定情景的思维方式，同其他已经学会的思维方式配合使用。

在本书中你不会看到

1. 仅是商业案例。当然，本书会有一些商业案例。本书的作者曾经管理或为多家企业提供咨询，也培训过许多公司的高管。但同时你也会读到一些来自日常生活的案例，这是因为我们认为本书的观点适用于任何地方，而不仅限于商业公司中。

2. 全面颠覆你过去所学的思考方式。通常，当提出一种新的解决问题的方法时，作者总是要花费大量篇幅来证明在他们研究之前，人们所写的任何东西都是在浪费读者时间，是没有价值的。这样做是十分愚蠢的。我们并不认为你过去所学的思考方法是错误的。但我们认为，面对不确定的未来，还有另一种（也是更好的）思维方式。

但这并不意味着，当你应用这种被称为创造性行动的解决问题的新方法时，就应该放弃其他方法。我们将证明创造性行动与你已有的解决问题的方法可以非常好地配合使用。

3. 随意性。当被要求总结本书的中心思想时，我们的结论是："行动胜过一切。"有些人听到这一结论后，认为我们提倡的是"准备、开火、瞄准"或"跳了以后再观察"。其实不是这样的。实际上，我们的结论来自商业版科学方法的研究结果，那也是长期以来科学家们了解这个真实世界共同使用的方法。他们使用的研究过程和我们在这里提倡的是相同的：首先，他们提出一个问题或遭遇一个意外（"我想知道……""为什么……"）；然后，开始研究（我们提倡行动就好，我们的确主张这样做）；接着，提出一个假设；然后，验证这个假设（在我们的试验中，行动的确起了作用）；最后，基于所发生的情况得出结论。

在当今的商业社会，人们会经常告诉你应该通过"试验"来了解一个不确定的未来。创造性行动为你提供了进行这类试验的方法，那是一种指导这类试验的最佳方法之一：科学的方法。

4. 脚注和其他教授、学者们认为的重要事项。尽管我们的研究是基于科学的研究方法，但本书并不是一本教科书。我们非常尊重学术。本书的作者之一是一位大学校长，他曾在哈佛商学院任教二十多年。你还可以看到，我们的观点深深地扎根于包括诺贝尔奖获得者在内的许多学者的学术研究成果（参阅"扩展阅读"）。本书没有使用页面下方的脚注是因为担心它会导致读者分心[1]。我们相信本书所写的内容十分重要，并且实实在在地可以改变你的生活，同时这些内容也可以写的简单明了。

---

[1]　中文版脚注均由译者所加。目的是让读者熟悉书中的引用的一些关于美国社会背景的案例，提高阅读的便利性。——译者注

我们到底在谈论什么？

到底什么是创造性行动？首先，与**思考**和**分析**不同，它的出发点是基于**行动**和**创造**的结果。

有一种方法可以理解二者之间的本质不同。设想一个舞者正在跳舞。用思考来代替跳舞是不可能的。如果仅仅是思考，你最终也只是思考跳舞而已，没有任何东西呈现那个思考。

思考是创造的一部分，但如果没有行动，就一事无成。即使在充满智慧和理性的领域也是如此。为了完成创造性的任务，你必须采取出版、教学或其他行动。白日梦本身是不会创造任何东西的。

现实中，创造性行动是如何进行的？它是如何帮助我们应对不确定性的？这一过程可以分为三个部分，循环重复直到你达到目标或决定放弃这一目标（参阅图1–1）。

1. **愿望**（Desire）[1]。发现或找出你想要的东西。就像我们将在第二章讨论的那样，你并不需要太多的激情，要的只是足以让你开始行动的愿望（"我真的想开一家餐厅，但是对自己能否开成餐厅却毫无所知"）。

---

[1] Desire 可以翻译成"愿望""欲望""心愿"等。本书把它翻译成"愿望"，一个不严谨的原因是译者赞成这么一说：欲望一般来说收益的是自己；"愿望"收益的既可以是自己，也可以是别人。因此，愿望一词更符合原作者在书中提到的创造性行动可以让世界变得更美好的各种事例。——译者注

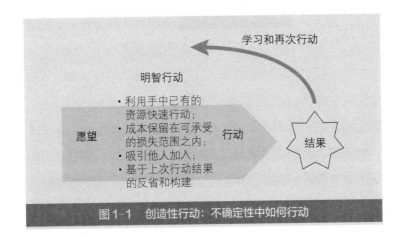

图1-1　创造性行动：不确定性中如何行动

2. **尽快迈出明智的一步**。就像你将看到的一样，明智的行动自身包含三个部分的逻辑：

- **利用手中已有的资源快速行动**。例如，你知道什么，你认识谁，以及你知道的任何其他事情（"我认识一个大厨师，如果能够让所有的家人和朋友都支持我的话，也许我就有足够的资金开一家餐厅"）。

- **成本保留在可承受的损失范围之内**。确保理智行动的成本（时间、金钱、个人声誉等）不要超出万一行动失败时你愿意承受的损失。

- **吸引他人加入**，从而获取更多的资源，分散风险，并完善你的创意。

3. 基于行动结果的学习和构建。随着你每次的行动，情景都在发生变化。如果倾耳注目，你都可以从每一步的明智行动中学到一些东西。通常，你会接近自己的目标（"如果餐厅的位置不在市中心的话，我就能负担得起开店的费用"）。有时，你会发现自己需要做些改变（"看起来附近已经有太多的意大利餐厅了，我们需要重新考虑餐厅的菜谱"）。你可能会问自己，已有的行动是否让自己与目标更接近了（"是的，看来我可以开一家餐厅"）；是否需要更多的资源来实现目标（"是的，我要寻找另一位厨师，已经找到的那位只会做意大利菜"）；是否还要坚持原来的目标（"是的"）。然后，基于你所学到的东西，不断地重复这样明智的行动，直到实现自己的愿望（或决定放弃这个愿望，再或者追求其他的想法。）

> 研究者发现，成功的创业家们采用一种共同思维方式，
> 来应对未来难以预测的情景。
> 他们能够这样做，你也可以。

换言之，当面临不可知情景时，你应该采取行动而不是靠思考来实现所期望的未来。单纯的思考不会改变现实，也不一定会让你从中学到什么。你可以坐在那里整天梦想自己开一家餐厅，但是，仅有思考是不会让你实现这一愿望的。

似曾相识？

有的时候，当我们向别人解释创造性行动这一概念时，有人说这听起来很熟悉。是这样的，它是我们所有人最早学到的方法。

在童年时代，每件事对于我们而言都是未知的或不确定的，行动成了学习的方法。你通过制造一个声音或其他状况，让你的母亲做出回应。你拽住猫的尾巴，结果被抓伤。因此，我们所提倡的就是恢复很久以前已经学会的技能：让行动成为更好的思考能力。

┤面对变幻莫测的未来，行动胜于一切的13个理由├

在面对不可知的未来时，行动，作为创造性行动思维的基石，的确胜于一切。当然，这说起来容易，然而当你正处于一个未知情景，并准备开始一个存在各种可能的新探索时，唯一能够真正发现到底有什么的方法，是深入实际并找出问题的所在。"是否有潜在顾客？""市场规模够大吗？""社区会接受我想创立的公民企业[1]吗？"这时应该做的是采取一小步明智的行动，然后找出答案。无休止地思考和创造"如果这样"的设想是徒劳无功的。至死也就是"如果这样"。确切地了解情景的

---

[1]　Civic Ventures，指在西方国家新出现的创新型非营利组织，在社会和政治领域，应用创意、政策、行动等方面的破坏性技术来促进社会变革。其致力于改变传统政治的自由与保守的二元框架，从根本上改变社会的政治生态。——译者注

唯一方法就是采取行动，反省自己从中所学到的东西，然后采取更多的行动从而学到更多的东西。

但是，在这样做之前，你最好仔细检查一下未来是否真的像你所想象的那样那么不确定；也就是说，是否真的没有办法预测未来将会发生什么。如果的确存在一些可预测的机会，最好还是采取预测思维的方法。因为那是件好事情。

回顾一下我们在本章开篇提出的观点。预测思维和创造性行动这两种思维方式通常被同时应用，在某些情景中，一种方法还要优于另外一种。你可以从冰箱里拿出一个鸡蛋，伸直手臂拿住它，如果想要知道鸡蛋下落会发生什么，放开手中的鸡蛋就可以了。但是一般人不会做这样的蠢事（除非你不到 3 岁）。因为万有引力定律已经众所周知，你完全可以预测到鸡蛋会摔破的事实。

同样，明天你也可以创立一家交通工具销售公司，通过自己的经营来了解一年内可以出售的轿车、卡车、摩托车和自行车数量。然后，把这些数据按照小轿车、敞篷车、SUV、其他等产品目录进行整理。接着，还可以汇总经济景气和不景气情景时的销售量。但这样的努力以及承担的风险几乎没有什么价值。这些数据都是现成的，你完全可以有足够的自信来预测未来交通工具的销售量。

我们的观点十分简单：当思考的结果可以带来可预测的行动时（"我不知道在经济衰退期一年内能够销售出多少辆顶级跑车"），不妨就先让预测思维冲锋陷阵，必要时再辅以创造性行动。这时，你可以期待预测思维给你提供一个明确的结果。也就是说，你知道生鸡蛋掉落地面会摔破，你也可以相当准确地预估在某个时期可能会销售出多少辆特别型号的轿车。

但是，在面对不可知情景时（如确定目前尚不存在的带辅助轮动力滑板或四轮平衡车的市场），你无法事先进行太多学习。在这种情况下，最快、最简单、最有效（甚至常常是唯一）的方法就是通过行动来学习。

下面是这样做的 13 个理由：

1．如果采取行动，你将会发现什么想法是可行的……

2．……以及什么想法是不可行的。

3．如果从不采取行动，你将永远无法知道什么是可能的、什么是不可能的。你可能认为自己知道，但找不出任何有用的证据来证明自己是正确的。这个问题就像马克·吐温所说的："让我们陷入困境的不是无知，而是看似正确的谬误论断。"

4．如果采取行动，你将知道自己是否真的喜欢自己的想法……明确了"想法"就可以采取新的行动……

5．……也许你不喜欢自己的想法。

6．行动让市场做出反应，它可能为你指出一个新的方向。你想开一家世界上最好的意大利餐厅。你朝着实现这一目标的方向迈出了一小步，开始承接大型晚会订单，为麋鹿俱乐部 [1] 每月一次的晚会提供晚餐，现场了解菜谱是否合适，以及

---

[1] 英文为"Elks"，美国上层社会的一个俱乐部，也有人翻译为慈善保护互助会。——译者注

餐饮服务的特点。每个人都对当晚的美食赞不绝口，但奇怪的是，你却并不想和他们交谈。因而，你给他们留下了冷漠的印象。你不喜欢与人应酬，处理餐饮服务所有必要的供应链活动（寻找场地，应对服务员频繁更迭，以及其他事项等）的噩梦让你出了一身冷汗，你也不想再同时提供三种主菜。这一切都让你了解到，自己喜欢的只是餐厅经营活动中的烹调部分，其他事务均让你感到厌烦。你为开一家餐厅而采取的这些行动得到了市场的反应。人们喜欢你提供的食物但同时也发现你是一个缺乏热情的人，你喜欢烹调却不愿意涉及其他事情。行动让你确信，自己可以开一家高端餐厅，但需聘用其他人来管理顾客。

7．**如果采取行动，你就可以找到更多的人加入团队。**例如，与供应商们的交往，让你认识了世界上最具管理能力的人。她现在正管理餐饮业务的日常运作并拥有 10% 的股权。

8．**如果采取行动，你就可以找到更快、成本更低、更好的做事方式。**当做了 50 多次世界上著名的意式帕马森烤鸡后，你发现，做好这道菜只需 8 个而不是原先的 11 个步骤。

9．**如果采取行动，你就不会让自己的余生遗憾在"我不知道会发生什么，如果……"上。**

10．**如果所做的都只是思考，你可能会觉得自己的人生相当无趣。**在一架飞机上，你愿意让谁坐在旁边的座位上？是那些成功（或甚至不成功）创办了一家攀岩用品商店的人，还是那些整天只想着开一家这样商店的人？

11．**如果所做的都只是思考，你可以拥有无比丰富的理论**

知识，但却没有任何来自真实世界的内容。这时你就像寓言中的一位妇人，她知道每件商品的价格却不了解其中的任何价值。换言之，如果所做的都只是思考，……那你也只是思考而已。

12．**行动总是指向证据**。行动，使得一些东西发生了变化，通过观察，你获得了知识（"嗯，如果我把一个鸡蛋从肩膀的高度扔下去，它将摔破"）。思考不仅无法证明，而且可能使事情变得更加复杂。就像财务软件公司 Intuit 创始人斯科特·库克（Scott Cook）在接受《哈佛商业评论》（*Harvard Business Review*）采访时所说的那样："证据优于任何人的自觉。"

13．**如果采取行动，你就可以知道什么是真实的**。人们总是想探究事情的真相。

基于所有这些，以及你自己可以体会到的更多的原因，我们相信，在未来高度不确定时，行动胜于一切。

请记住，预测思维和创造性行动思维是互补的。当预测思维有效时，就进行预测；当它无效时，就尝试使用创造性行动思维。

当面对一个新的环境，你会不可避免地在两个思维方式之间跳来跳去。你就应该这样。事实上，我们有一个词汇来专门描述使用这两种思维方式的过程——创业思维与行动。那是我们用来描述同时应用预测思维和创造性行动思维解决问题或创造新事物的词汇。

┃ 创造性行动：一个人的故事 ┃

人生各有精彩。但是，约迪·罗森鲍姆（Jodi Rosenbaum）成功创立 MTW 慈善组织（More Than Words）的故事依然可以很好地展示如何应用创造性行动思维。

MTW 的网站是这样介绍的："MTW 是一家非营利社会企业，通过让那些处于家庭监护收养、违法、无家可归、辍学的青年管理一家企业来负责自己的生活。MTW 应用团队运作的方式使他们管理自己的零售和在线图书、咖啡厅、社区空间等业务，从而培育他们顺利过渡到成人期所必需的就业技能、领导力和自信心。"

MTW 的方法是十分有效的：刚在 MTW 工作时，大约 35% 的年轻人有各种的违法记录（被马萨诸塞州青年和家庭服务部门公开起诉或监管），当他们离开 MTW 时，这一比例降到了 9%，24 个月后这个比例仅为 4%。大约 85% 的年轻人获得了高中同等学力（GED）或高中文凭。

让我们用罗森鲍姆的原话，看看创造性行动的 4 个步骤是如何运作的：

愿望。"我是关注儿童福利和少年司法制度的青少年维权律师。超过 15 年的工作经历让我深刻了解到青少年是如何常常因为缺乏机会、担责和帮助，从而未能让他们的人生得以改善并发挥他们潜能的。"

"7 年前，我通过哈佛开始与青少年发展项目一起共事（在哈佛她获得硕士学位），然后我想重新关注寄养制度，同时，我也对商业和应用商业来帮助实现一个公益使命的社会企业产生了兴趣。但在当时，我并不知道如何把这些融合在一起。"

利用手边的资源开始行动。"没有堂皇的愿景。有一天，我最要好的朋友发现了一摞准备丢弃的书籍。她把书带回家，然后我们一起上网查询，发现它们实际上还可以卖一点钱。我们相互对视一眼，然后喊道：哇，这样也许可以！"特别地，罗森鲍姆意识到，她可以让问题青年们来确定如何给这样的书定价然后销售和配送它们。"我可以利用创造的收入来支持这种自己动手的真实技能的学习和培训。这是适合青少年的一个好方式。它可以帮助他们获得技能，通过高效和参与的方式获取工作和生活能力。"

在可承受的损失范围之内采取一小步明智的行动。罗森鲍姆在研究在线二手图书市场的同时，保留了自己的工作，最终在堆满人们捐赠的图书的150平方英尺的仓库开始了MTW的创业。

基于她的发现的反省和构建（第一部分）：市场的确存在，那些在MTW工作的青少年认识到，自己的投入越多，从中得到的收获也越多，这些收获包括商业知识、技术和财务技能，以及罗森鲍姆概括的"他们学到了守时、团队合作、沟通、眼神交流等重要的生活技能"。

基于她的发现的反省和构建（第二部分）："由于来自图书销售的收入不足以支付整个项目的费用，因此我还联系了许多陌生人，希望募集到更多资金来维持组织的运营。我们的第一个企业赞助者是波士顿科学国际有限公司。我非常幸运地在合适的时间通过电话找到了合适的人，她认为我们正在努力做的事情也是她想要的。她告诉我们，公司还不能确定是否愿意成为 MTW 董事会的第一个成员，但希望我们能够告知他们我们的创业进展状况。接下来，我们从马萨诸塞州公众安全执行局获得了一笔小额资助。该机构的有些人在读了我写的介绍文章后产生了兴趣，并主动和我们联系。他们从一项减少犯罪和帮助部分最危险问题少年的干预活动项目中赞助了我们，这让我们感到非常高兴。

我把这些情况反馈给了波士顿科学国际有限公司，他们马上做出了决定并签发了支票。在得到这些组织的支持后，我开始拜访更多的组织，因为我可以告诉他们，政府在支持我们，而且一家著名的公司也已经参与。"

构建（第三部分）。"青少年们体验了成功而且他们又造就了新的成功。当以 40 美元销售了一本好书之后，他们就想找到更好的书以便创造更高的收入。不到一年的时间，我们就租下了一家零售店面，并引入了咖啡厅。"

本书结构

就像你所看到的那样，我们是创造性行动的忠实践行者。我们在安排本书的结构时也是这样做的。我们将：

1. 帮助你采取小步的明智行动；

2. 暂停并回顾你所学到的东西，然后

3. 基于你构建的知识，继续前进。

你正在阅读的是第一部分"如何面对不可知情景"，它主要针对创造性行动的两个基础：第一章的不确定性和第二章的愿望。

第二部分由构成创造性行动思维的四个单独要素组成。在第三部分，我们将详细说明在特定环境下如何应用创造性行动思维（包括在大型组织或家庭和朋友中）。绕了一圈我们回到起点，解释创业家们是如何证明这种思维方式是可行的——不仅对于他们，对于我们所有人也是这样。第十章和后记将讨论这些结论。

世界就是这样

现在你都知道了。简单地说，这就是本书的内容。我们致力于回答一个简单的问题：当已有的思维方式无法让你在当今充满风险的新时代获得成功时，你该怎么办？我们认为，我们已经找到了让你成功应对不确定情景的解决方案。

> **如果你没有充分的信息，请自己创造。**

如果你觉得前面所说的观点不错，在本书你将找到如何在工作和个人生活的所有情景中应用创造性行动思维的详细介绍。

即使你不喜欢我们的观点，至少你可以了解创造性行动思维是如何工作的。你可以尝试采取一小步行动来探究这未知的世界（学习创造性行动思维），然后再确定它是否真的不适合你。这样的学习也是有价值的。

不幸的是，尽管大量的研究支持我们将要陈述的想法和观点（参阅末尾的扩展阅读部分），如果你从本书获得了一些收获，它并不是因为我们说服了你接受这些观点，而是因为我们所陈述的观点和你早就已经知道的东西产生了共鸣。那对于你而言，不过是常识而已。如果你想知道是否真的是这样，请继续阅读。真正的旅程即将开始。

小　结

1. **当未来不可预知时**，我们传统的思维方式在预测未来会发生什么时的能力十分有限。你需要在已有的思维方式外增加一种新的思维方式：创造性行动思维。

2. **创造性行动思维并非要替代预测思维**——二者是互补的。一种并不比另一种思维方式好（它取决于环境），但如果一起使用则可以成为一种非常有效的方法。

3. **如果你对创造性行动思维感到熟悉**，那就对了，因为那就是我们自然的思维方式。我们所主张的仅仅是重新发现你早已拥有的一种技能。

第二章

最重要的是愿望

> 除非你真的想让某件事发生，否则什么事也不会发生。如果愿望不存在，那么其他什么事情都不重要或值得关注。因此，出发点是：你到底想要创造什么？

你有一些想法，想要付诸行动。那想法可能模糊得就像是"我想做一些让人们更加健康的事"，或者详细得就像是"我要在工作中创造一种新的主动性"。它可能和商业毫无关系，例如，是一个帮助消除种族隔阂的非营利组织，或是一个针对儿童的扶贫项目。

每个想法都非常了不起，但是你需要做些事情才能让它们成为现实。就像我们所提到的，思考非常好，但是除非你采取明智的步骤把想法付诸行动，否则什么事情都不会发生。你需要了解自己的想法是否存在感兴趣的潜在听众或顾客（如果没有的话，你应该知道自己需做些改变）。

有了想法很好，但到底是什么促使人们开始行动呢？我们需要知道，为什么有些人觉得自己必须从思考转向行动，而世界上的许多人，那些**认为**他们有创造一本书、一个公益组织、一个网站、一个商店、一种新的工作主动性、一项公民参政议政等新想法的人，却从不迈出这一步。

追根溯源

如果请教创业家们，到底是什么东西让他们开始创业行动，你将听到各式各样的回答："我一直都知道我想要做这个""我已经深陷其中""我想要挣大钱，而这个想法是一条挣钱的途径""我从来没有想要挣很多的钱，这只是帮助他人的一种方式。"

但是，如果你追寻他们的共同点，答案就一目了然了。他们**想要**做这件事；他们常常说他们必须做这件事；他们有一种被强迫的感觉。归纳成一个词，导致他们行动的就是**愿望**。他们有一个愿望——有时是一种无法抗拒的愿望，但至少总会有一个愿望——去行动，去创造某种东西。也许现在它可能就是一种逃离他们不喜欢事情的愿望——"我就是无法和其他人一起共事"——尽管如此，但它就是愿望（我们在稍后将讨论这种愿望）。

愿望是一个人们很少会在商业领域谈论的词汇。当它浮现时，有些人会迅速地尝试摆脱它，因为它听起来有种黏糊糊的、非商业化的，以及难以定量化和被教育传授的感觉。但在本书中，它是一个合适的词汇，是指"一种向往或渴望，能够带来满足感或愉快的某些东西"。它的同义词描述得更为贴切，如向往、渴望、激情、想念等，就像兰登书屋英语字典解释的那样："泛指感觉，它使得人去获得或拥有某些东西……存在于获取之中（在现实或想象世界）。"愿望是那个促使人们创造新事物的东西，那个人们想要存在于现实生活的中东西。

在创造性行动中，两个东西总是不断地出现，不确定性和愿望。我们已经花了很多篇幅来讨论不确定性。现在我们将仔细探究愿望，不仅要解释它是什么，同时还要了解它是如何，以及为何统领着创造性行动思维。

▎大企业中的愿望 ▎

不论在哪里，即使是在《财富》（*Fortune*）300 强公司，愿望都是创造的动力。这里我们不妨认识一下诺亚·麦金泰尔（Noah McIntyre）。下面是他的自述：

"我最初被 Whole Foods[1] 聘用为采购员，那是一份让我无法发挥才能的工作。我不喜欢那份工作。大部分时间是与商品而不是与人打交道。我真正的激情是与人交往，以及讨论健康和营养等话题。因此，我为自己设计了一个新的角色、一个自己创造的角色。

---

[1]　美国一家专注于有机和自然产品的连锁超市。——译者注

我把这个建议提交给了我的上司。我说让我从事更多的营销和食物促销工作吧。她说没问题。公司有大量的蛋白粉需要销售。我说那太好了。我可以把它用来做慕斯雪，而且，我还可以添加其他高端的维他命，让人们看到如何把自己所需的维他命加到一杯饮品中，这样他们就会同时购买高端的维他命产品。

每周两次，商场经理会在每家全食超市设立食品展示活动。周一晚上的活动就像是省钱之夜，我们展示的是便宜的商品，而周五晚上展示的则是更精致的美食产品，因此我把慕斯雪带到了这样的促销活动中。我在周一晚上推销公司自有品牌的蛋白粉，而在周五晚上则展示如何制作高端精致的运动营养饮品。

我大概做了3个月，公司自有品牌蛋白粉成了最畅销的产品。现在，每周一和周五，我拥有了一个临时制作慕斯雪的吧台。这太酷了！"

所有这些都是源于麦金泰尔有一个做一些不一样的事情而不是做一些自己不喜欢的事情的愿望。

为什么激情并非一定必要

首先，让我们关注一个被误解的概念。当人们想到愿望时，几乎总是不由自主地把它和激情画等号，认为创业家们在创业时充满了激情。人们认为，激情在创业前是必不可少的。的确，你经常会听到给那些正在准备创业的人们这样的建议："你应该对创业充满激情。你必须喜爱自己所做的事情。"

这里，我们要告诉你，激情不是必要的。如果你所指的激情是指一种坚定的个人承诺，那是必要的，拥有它是一件好事。对创业充满强烈、积极的情感是一项重要资产，因为：你会更愿意开始行动。你会坚持得更久。在解决遇到的问题时，你会更具创造性。

如果你提到的激情是指痴迷、狂热，忽视妨碍你的每件事和任何事，那可不是一件好事。它实际上是一种破坏性的力量。人们常常被这样的激情所摧毁和消灭。此外，它还会导致人们对真实情况的错误判断。最典型的例子就像史密斯威森山地自行车、高露洁厨房主菜[1]、"贪杯的狗"（Thirsty Dog）品牌的啤酒和"干渴的猫"（Thirsty Cat）品牌的宠物瓶装水等失败的产品，当初把这些产品推向市场的人一定是被自己对这些创意的激情蒙蔽了。

因此，从现在开始，让我们给激情一词赋予积极的含义：激动人心的情绪，就像爱或渴望。但即便如此，激情依然不是

---

[1]　1982年，著名的牙膏生产厂家高露洁公司决定将品牌扩张到不熟悉的领域。通过生产"高露洁厨房主菜"（Colgate Kitchen Entrees）从而进入已经被冷冻食品巨头斯旺森（Swanson）等所垄断的市场。几乎毫无悬念地，品尝由一家牙膏公司生产的土耳其面包只会给顾客留下糟糕的印象。结果，高露洁厨房主菜冷冻食品不但没有取得成功，而且还损害了高露洁在牙膏市场的品牌形象。——译者注

一个必要条件。

"但是，"你可能会争辩说："获得巨大商业成功的人士总是会提及他们在创业时的激情。"

是的，但也许他们在创业初期并没有这样的激情。情况的确如此。让我们听听来自 Boston Logic Technology 公司合伙人大卫·弗里德曼（David Friedman）的自述：

我的合作创始人马特·韦斯（Matt Weiss）是我的大学舍友，我们曾经聊到，"总有一天我们会一起创立一家公司"。当我们成立波士顿逻辑技术公司时，我们实际上创立的是一家完全不同于现在的公司，一家技术型公司，就像每个人所建议的那样，我们写了一份创业计划书，然后开始寻找风险资本。但这毫无用处。

这就是当时的处境。两个人坐在租来的办公室里走投无路。于是，我们不得不承接了一些房地产经纪行业的咨询业务，接着我们开始寻找所有可能的机会给我们的顾客提供在线营销和网站设计服务，从而帮助他们发现房屋的购买者、租赁者和销售者。几年后，我们把咨询解决方案变成了软件产品，并且发现其利润率和规模经济性远超过去那种按天收费的咨询工作。

我们至今一直坚守着这种经营模式。每个季度，我们都会研究顾客的需求：他们正在使用哪些服务，以及我们想为他们做些什么。基于这些研究，并考虑提供这些性能所需的资源，我们最终确定了哪些服务需要升级，哪些新性能或新产品可以推向市场。

我们始终强调，"这里充满了机会。在这里，我们知道真实的情况，我们知道如何去做。基于这种了解和我们的资源，我们做出了这样的选择。"有时，我们开发的性能并没有人使用。但这就是你做出的决策，这是你的价值观，我想让决策尽可能快速和低成本地付诸行动。我们的决策和行动都非常迅速。1个小时的会议就可以决定随后90天的发展策略。我们知道有些项目可能不会成功，但我们会通过这些小事情的决策，向前推进和修正错误，从而实现发展，而不是坐在那里想太多。

公司的董事长兼CEO弗里德曼告诉我们："韦斯和我都曾经雄心勃勃地想要创办一家生产深受顾客喜欢产品的伟大公司。为了这个目标我们开始创业，然后向左拐了一个大弯。最终创立了这样一家让我们彻底爱上现在所做的事情的公司。"

我们会不时地听到类似的故事。那些正在经营成功企业的创业家们是否对事业充满了激情？是的。但在创业初期他们是否也是这样？就像弗里德曼那样，事实常常是蹒跚而行。因此，必须充满激情的设想可能会让你倒在一条错误的道路上。

创业初期必要的不是激情，而是愿望。它对任何创新的尝试都十分关键。创新者和创业者们总是做他们想要做的或将帮助他们获得想要的东西的事情。所有人基本上也都是如此。人们受到愿望的激励和驱使是显而易见的事实。弗里德曼和韦斯自然具有创造某种东西和在一起创业的愿望。

在任何创造的努力中，愿望就像坠入爱河。有些人，也许就是你，在那个迷人的夜晚，当视线穿过拥挤的房间看到她／他时，瞬间就让你神魂颠倒，坠入爱河而不能自拔。这种情况也发生在一些创业者身上。几乎是刹那间，他们就无可救药地爱上了自己的创意。但是，我们打赌，在高中阶段你就能确定将与你共度一生的人的情况是很少见的。对于我们大多数人而言，随着时间的推移，我们都会坠入情网。约会、确定情侣关系、结婚，随着岁月的流逝，爱情愈加醇厚。愿望也是如此，甚至有过之而无不及。随着时间的推移，愿望逐渐形成。这不仅对于那些追求自己认为十分重要事情的创业家们如此，对于我们普通人也是如此。

所以说，你们在杂志或书籍中读到创业家或其他成功人士们谈论激情时，他们并不是在说谎。在谈论这些事情的那个时刻，他们的确充满了激情。但是，那种激情在创业初期并不是必要条件。实际上，在一项对50位创业合伙人进行的研究中，42位创业合伙人的情景就像弗里德曼和韦斯的故事一样，在有创业想法之前就已经是朋友了。

如果相信在行动之前必须先有激情，你可能永远也不会行动。

即使激情是必要的，但它实际上也没有什么实际价值。你既不能把它和愿望糅合在一起，也不能用它来替代愿望。还记得你最后一次去争取你不想要的东西或去爱你不爱的人是什么时候吗？你无法强迫自己关心某件事情。只有在极少数的情况下，我们才会被瞬间触动（如孩子出生）。更经常的是，我们对某件事或某些人的关心会随着时间的推移而变得更加强烈，例如对待我们最好的朋友。在这些例子中，愿望不是源自我们的自我意识，而是来自上天的赐给。告诉一个人应该对行动充满激情是个毫无意义的建议，因为他自己也无能为力。

如果你沉迷于一个创意，请追随这个天赐之福吧！但是不要成为那些错误论断的牺牲品，开始创业并不一定需要激情。带着你的愿望开始创业才是更好的。

愿望的种类

让我们把愿望分解得更为容易理解一些。情感的愿望是行为的真正驱动力。我们之所以追求某个东西是因为情感的驱动，如果实现了目标，它带来的是一种可以预知的喜悦感或完整无缺感。通常，我们并不知道情感的愿望来自何处，以及为什么。它们常常没有任何理由地就控制了我们。我们如此迫切地想要拥有"它"只是因为**我们要它**。愿望看起来或经常就是非理性的，而且常常身不由己。

相反，理智的愿望来自我们的理性思维。他们是理性的及合乎常理的。你可以解释它们，它们也可以被其他人快速地理解。

你对此可能并不感到陌生。在短期，一个理智的愿望可以战胜一个情感的愿望；但在长期，情感的愿望将占上风。迈克尔·克赖顿（Michael Crichton）是位物理学家，但他"不得不"变成一位作家[1]。无数的流行音乐创作者初期从事的都是其他职业。科尔·波特（Cole Porter）[2]、阿瑟·斯沃特兹（Arthur Schwartz）[3]、霍奇·卡迈克尔（Hogey Carmichael）[4]曾经都当过律师。当追求我们所关心的事情时，我们就具有了最强大的创造力，并且就像我们下面将要讨论的那样，坚持就显得十分自然。

[1] 1965 年，23 岁的迈克尔·克莱顿从哈佛人类学系专业，一年半之后又开始攻读医学，1969 年获得哈佛大学医学博士学位。1990 年，迈克尔·克莱顿写出畅销的怪物克隆小说《侏罗纪公园》。——译者注
[2] 科尔·波特是美国著名男音乐家。耶鲁大学毕业之后，为了讨祖父欢心，科尔投身哈佛大学法学院学习法律。后来，科尔在巴黎遇到琳达·李·托马斯（Linda Lee Thomas），并在其悉心帮助下，全力以赴于艰苦的音乐创作当中。1928 年完成了第一部力作《我们也这么做，我们相爱吧》（"Let Do It, Let Fall in Love"），从此享誉作曲界。——译者注
[3] 1956 年，哥伦比亚广播公司斥巨资制作了电视音乐剧《高个托尔》（High Tor），该剧音乐的制作人阿瑟·斯沃特兹曾被父亲逼迫进入纽约州立大学法学院学习。该剧讲述了非常喜欢纽约北部山脉的范多尔，遇到了一个荷兰的山妖并陷入了爱情。最后，范多尔还是回到了自己的未婚妻那里。——译者注
[4] 霍奇·卡迈克尔是美国歌曲创作家、歌唱家、钢琴家、电影演员。曾攻读于印第安纳州立大学法律系。大学毕业后曾从事律师工作，后改行进入娱乐业。1951 年，他为影片《新郎来了》（Here comes the Groom）所作的《在清凉、清凉、清凉的晚风里》（"In the Cool, Cool, Cool of the Evening"）一首歌获得了第24 届奥斯卡最佳原创歌曲金像奖。——译者注

更深入的讨论

当一个愿望的主要作用是帮助实现另一个愿望时，我们称之为"工具性的"愿望。工具性的愿望通常指向更为重要的愿望。在一个特定项目中，获得成功的愿望是为了实现工作上的成功，工作上的成功是为了职业的发展，而职业的发展是为了安全、稳定。

与之相反，"终极"愿望是最终目的，例如安全、稳定。如果你不想要它，只是因为你期待它进一步指向其他终极愿望。最终极的愿望一定是非常情感化的。

愿望是创造性行动的动力，不论现在摆在你面前的是什么工具性的愿望，如果可能，你都希望把它与终极愿望相关联，就像我们提到的那样，因为终极愿望是非常强大的。

实际上，有些终极愿望是如此强大，以至于我们需要另一个词语来描述它。那是一个在商业领域比愿望更为罕见的词语，它就是"喜爱"。

喜爱

当你对希望创造事物的渴望上升到一定程度时，就称为喜爱。这时，你愿意为创造的实现付出各种努力。可以确信的是，人们通常渴望的是喜爱事物这一事情本身，而不是其成真之后的喜悦。

艺术家们和他们特定的作品之间通常存在这种喜爱的关系。喜爱驱使他们不再考虑"接下来我要做什么"，而是关注"作品还需要什么"。对作品的喜爱影响着艺术家们的判断，喜爱的加深使得作品本身所需要的东西变得更加清晰明了。这时，不是你想要什么，而是作品本身需要什么。

有些创业家们和他们的企业之间也建立了这种关系。如同他们的孩子一样，创业家们赋予企业生命并抚育它们。同样，企业也有自己的生活，就像他们的孩子一样。这一切就像诗人哈利勒·纪伯伦（Khalil Gibran）所写的那样：

他们借助你来到这个世界，却非因你而来，

他们在你身边，却并不属于你。

你可以给予他们的是你的爱，而不是你的想法。

因为他们有自己的思想。

坚持和承诺

创业家们的一个本质特征就是坚持不懈，即有能力描绘并始终关注于他们准备创造的事物，并不受其他东西影响或干扰。如果你基于智慧或理性，告诉自己这是一个好创意或是一个值得专注的创意，那么，想要坚持追求想象中的某个东西一定充满了挑战。但如果它的确是你真正喜爱的东西，坚持和承诺就十分自然了。

回想一下你上次恋爱的时候，丝丝的柔情是如何让你魂牵梦绕地想念自己的心上人。想想你的儿女，你每天有多少次在牵挂他们的幸福？

对创业的喜爱也有同样的力量。当你的情感被喜爱、被激情，或被任何你喜欢的词汇所描述的东西激发时，集中精力于你想要创造的事物，放弃任何让你分心的东西，是再自然不过的事情了。

当你有做某些事情的愿望时，你就会承诺。在行为方面，承诺就是直接抛弃那些让你不能聚焦于自己曾经答应要做的事情的杂念。你说过，你承诺了 X，接着 Y 出现了，你不会对丫留心，而是把注意力继续放在 X 上。Y 再次出现了，你同样还是忽视它。这个过程不断重复，直到 Y（以及 A 和 B 和 C…）放弃，使你能够关注自己想要创造的东西。

是什么促使人们开始行动？

我们现在对愿望有了一定的了解，但是愿望自身还不足以让人们开始行动。那些在聚会上和你表露自己有一本书、一个新发明或一种新零售理念的人，也许的确想要实现自己的想法。就像那些有一个更好的捕鼠器创意的人们，常常宣称他们想要把想法变成现实一样。但是，他们为什么不行动？什么时候愿望可以强大到让你开始行动？

答案可以总结为：当你想要某些东西，手中有方法来获取它，并且下一步行动在你可承受的损失范围之内时，那么最自然的事情就是开始行动。实际上，这时不行动才是反常的。

当然，就像硬币存在反面一样，你也可能因此而放弃自己想做的事情。动机是这样产生的：不论创业是如何可怕或令人不安，什么都不做的选择才是最糟糕的。面临的情景可能会让你不可避免地做一些事情，也许它会让你开始行动。但就像我们将要看到的那样，从长期来看，仅有这个行动动机还是不够（稍后会有更多的讨论）。

基于前面所构建的框架，我们将对愿望进行更为详细的分析。因为，如果愿望不存在的话，能够创造新东西的概率微乎其微。

让我们先分析正面的愿望。

> 愿望是你创业时最关键的资源。为什么？因为它：
> - 激励你开始行动。
> - 让你坚持到底。
> - 让你更有创造性（尤其是遇到障碍时）。

"如果…？"

灵感来袭，它总是显得与众不同，但促使人们开始行动的火花却总是相同的。他们对自己说："我在想如果……的话，将会发生什么呢"，或"做……可能会十分有趣"，或"我打赌如果我做了……，它将带给我……"，或"这个想法简直快杀了我，为了看到结果我必须做点什么。"

不论想法是以无所不在（"它充斥了我的头脑"）还是以

充满趣味（"如果……会不会很有意思"）的形式呈现，它都足以让人出于好奇或迫不得已地采取行动。我们谈论的不是人们抛弃一切从而全身心地投入创业。他们没有想要辞去现职，然后把醒来的每一分钟都用来实现自己的想法（参阅第三章关于创业家神话的讨论）。相反，他们思考的是，"不妨先迈出一小步，看看会发生什么。如果我喜欢那个结果，我就继续行动。"

换言之，他们在创业过程中并不十分关注不利的一面。想想那些在20世纪90年代末期和21世纪初期的互联网创业者们。如果询问他们是否看到了创业的风险，他们的回答基本上都是如此："如果创业的想法行不通，我会做回以前的工作。"嘲笑者可能会借机嘲讽，在互联网创业泡沫破裂时，的确许多创业者们又重新找工作，没有创造新的就业机会。根据考夫曼基金会（Kauffman Foundation，一家以促进创业家精神和创新为使命的公益基金）披露的信息，1980—2005年期间，美国总计4,000万个新的工作机会是由成立5年左右的公司创造的。扣除裁员、退休及大公司之间的人员流动，现有大公司甚至没有创造一个工作机会，反而是那些创业成功的新公司提供了新的工作机会。

"让我离开这里"

另一方面，创业源于负面的愿望也容易理解。有时，人们创业只是因为他们对自己所处的情景感到厌烦，无法再忍受下去了。他们讨厌自己现在的工作；他们拼命地想要挣更多的钱；有时他们只不过是讨厌回答其他人的问题："你现在靠什么生活"。于是你开始有了想法。任何事，即使是让你陷入不可知的困境，也都会让你觉得比现在所做的事情要好。

从不喜欢的事情中解脱出来肯定对行动是个极大的激励。它可以让你开始新的人生。但问题是，随着时间的推移，负面的愿望可能不足以让你坚持下去。它就像在你身体下面点燃了一把火。当创业进行了一段时间后，热情就消失了，动力也减弱了。你必须重新燃起热情或找到其他人或其他事情促使你继续行动。这需要付出许多努力甚至比自虐还有过之而无不及。

一个人努力获取他真正需要的东西的愿望要强于逃离他自己讨厌的东西的愿望，也强于看似一个好主意但并不是真正需要的东西的愿望。这是因为，当你做一些自己想要做的事情时，行动的力量完全不同于因为责任要做某事，或是为让自己的现状稍好一点而做某事的情况。

在某些时候，绝望会让你开始行动。但是，如果逃离一个消极处境是你选择创造新事物的借口的话，那么选择可能会反复。你必须真心想要把创意付诸的行动继续下去，否则你可能会丧失继续前行的动力。具有讽刺意味的是，你可能在出发点原地不动，然后不断谴责自己为何浪费时光。当然也有例外。有些人为了"证明那些认为我做不到的人是错的"，也获得了成功。但是，这样的人一般来说，要么很少见，要么尽管成功了但并不一定因此而感到快乐。

为什么愿望如此重要

在开始创业之前，你可能存在下面四个疑问：

1. 这个想法是否可行？也就是说，它是否可以成为现实？

2. 我能否胜任这份工作？也就是说，对我来说是否可行？

3. 是否值得尝试？我想要销售的东西是否存在市场？能否盈利？人们是否赞赏我将要做的事情？换言之，所有这些努力是否有意义？

（注意：这三个问题都和预测有关。它强调了一个事实，即创造性行动和预测性行动可以很好地被同时采用。）

4. 我真的想要这么做吗？

最后这个问题是最关键的：你是否真的想要创立一家新的企业？

为什么这个问题如此重要？要么创业是你想要的，要么创业可以让你获得你想要的东西。如果这两个理由都不是，那你就没有必要行动或回答前面的三个问题。根据定义，创造性行动思维适用于你非常关心的自己正在尝试创造东西的情景，而不是任何场合。

现在，如果你想要创造它，那么，在可知的（预测思维为基础的）世界里，把时间和精力放在问题 1、2、3 上是合理的。但在无法预测未来的不可知世界里，前三个问题的答案都一样："无可奉告"。除非采取实际行动，否则你不可能知道答案。你可以进行任何你想要的市场研究，讨教人们对你创意的想法，或研精苦思。但"纸上得来终觉浅，绝知此事要躬行"。没有行动，你将一无所知。

但这些都无关紧要，直到或除非你回答了第 4 个问题：我真的想要这么做吗？如果不是全身心或至少在某种程度上爱上它，你是不会把自己的所有努力都投在创业上的。

愿望在评估风险中的作用

一旦你想要做些事情，一切都将改变。源于情景未知的负面情绪会开始减少。虽然现实并没有发生任何变化，你也依然不了解那些未知的世界，但因为关心自己正在努力做的事情，你终将找到一种解决问题的方法。

设想你在一家农机制造公司工作，上司交代了你一项任务：找出在爱沙尼亚销售公司产品的方案。下面是我们针对提出的 4 个问题的应用实例：

这个想法是否可行？ 你不知道如何在一个不发达国家建立分销渠道和服务网络，甚至对公司产品是否适应当地丘陵地形都没有头绪。

我能否胜任这份工作？ 也许胜任，也许不胜任。你从未做过类似的工作。

是否值得尝试？ 没人知道这个市场有多大，以及能否盈利。

我真的想要这么做吗? 不。那只是老板的想法。

设想另外一种情况。情景完全一样,但你是那个想要在爱沙尼亚销售农机设备的人。你认为那里存在一个巨大的市场机会,并且你有一个强烈的愿望想要尝试一下,其中的一个原因是你太太的家人就在那里。

这两种情况最有可能的结果会如何呢?答案显而易见。

在第一种情况下,愿望并不存在。由于情景充满了不确定性和未知,因此你并不着急做任何事情。你会不断地思考自己可能遇到哪些困难,并会收集更多的信息。仔细研究,从而确保行动需要的所有情况都被考虑到。一旦做不到这些,人们一般就会说,"你还没有想清楚"。最好的结果是,你花费了大量的时间;而最糟糕的结果是,你会把这件事情搁置在待办事项的最后,从不采取任何真正的行动,并希望你的上司不再过问此事,尽管机会也许真的就在那里。

愿望的出现改变了这一切。在第二种情况下,因为想要做这件事情,你极有可能先采取一小步明智的行动来应对挑战。例如,当下一次你和太太回娘家探亲的时候,你会走访当地的分销商,试探性地拜访当地的农业官员。并且,就像在第六章将要看到的情景一样,想创造一些新东西的激情将让你更容易找到投资者或员工和你一起行动。如果没有看到你的愿望、你对自己想法的信心,以及要把想法付诸实践的决心,其他人是不会承诺与你一起行动的。

何时放弃，以及如果愿望衰微时将会发生什么？

我们已经讨论了愿望的重要性。你在开始创业时也充满了强烈的愿望，但是：

- 在为自己的愿望努力奋斗时遇到了一个难题，你会如何应对？
- 当知道愿望如同月亮也有盈亏圆缺时，你会如何管理愿望？
- 你如何确定愿望已经消失？

这些是相关但又不同的问题。我们的讨论先从时间紧迫时你该做什么开始。

当然，任何做事情遇到困难的人都会有受挫折、生气、失望及绝望的时候。但是，就像吉米·杜根（Jimmy Dugan）[汤姆·汉克斯（Tom Hanks）主演] 在电影《红粉联盟》（*A League of Their Own*）中谈到带领女子职业棒球队时所说的："它就应该是艰难的。如果不是那么艰难，每个人都会去做。正是因为艰难……才让它变得伟大。"

当你碰得头破血流或陷入绝望时，有两件事情需要记住：首先，它是否影响你的创造力，完全取决于你的感觉。的确，不断的挫折和失望会侵蚀你的愿望，但也并非一定如此。你的感受并不一定会影响你的创造力。记住，所有伟大的艺术家在创造他们伟大的作品时都曾经历过悲惨的境遇。

其次，当人们的愿望遭遇障碍时，人们会产生负面情绪是一件极为自然的事情。每个小孩都可以证实这一点。在那个时刻，甚至是更长的时期内，我们可以做出选择：通过再次确认自己的愿望来重新激发自己的创造力，或者认为舒适的情绪状态比自己的愿望更重要。减轻负面情绪的简单和快捷方法是，假装我们不再追求自己想要的东西或干脆放弃。也许，我们认为这样会使我们感觉好一些，但结果可能事与愿违。伤痛、挫折、生气依然与我们相伴。我们这样说是没有偏见的，是你自己做出了继续还是放弃的选择。不论是选择舒适优于愿望还是选择愿望优于舒适，那完全是你自己的决定。

关于第二个问题，在接受了愿望会有盈亏圆缺这个事实后，你会如何管理它？如果随着时间的推移，你对自己新创的企业更加激情四射，那是再好不过了。但如果情况不是这样呢？那是否就是件坏事？其实那也十分正常，并不一定是件坏事。

创建一家企业或创造任何新东西的日常活动可能会令人疲惫不堪，因此热情的波动是不可避免的。于是，与自己的愿望和平相处就十分必要。如果在一个特定的时刻，你的激情不再，但如果你确定你还想继续实现这个愿望，那么你还应该继续，尽管你可能选择离开现有项目一段时间，几天甚至是几个月。放松一下是件好事，它将帮助你理清思路。当你重振旗鼓时，行动才是关键，即使你每天只投入少许的时间也没有关系。如果你的行动需要新的动力，实现愿望就是它的动力来源。

最后一个问题，你如何确定自己的愿望已经消失？你怎么知道自己的愿望所追求的东西已经探索过了，而且确信无法获得？

触发你开始行动的那些问题，同样可以让你知晓自己是否应该停止行动。假设你依然充满愿望。你是否已经说服自己那是不可能实现的？选择放弃是否是因为你的性格所致？是否其他人都认为你的创意没有价值？或你需要投入并承受比自己收获更多的时间、金钱、声誉及风险（我们将在第四章进一步阐述这部分内容）？如果对其中任何一个问题的回答都是肯定的，那它就表明也许应该停止行动了。可以是完全的终止，也可以是暂时的停止，直到有不同的答案出现。否则，随着时间的推移，不论是技术，还是你能做的，以及其他人想要的，都是可以改变的。你要记住，对这些问题的回答都是预测思维，而面对这些不可知的情景，预测是不可信的。

因此，正确的答案是：只要愿望还在，你就应该坚持。尽管你可能想把精力更多地分配到那些看起来更容易实现的其他愿望上，而把当前的愿望从清单的排序上向后移。

但是，如果当前的愿望的确不复存在，那就到了放弃的时候。这种情况也非常普遍。例如，我们经常看到创业家们在创立企业时充满了愿望，而当企业完全正常运作时他们却失去了热情。如果发生这种情况，他们是时候离开了，把企业出售或者交给职业经理人来管理，然后去做其他事情。

最后一种情景

也许你会说，在长期抑制自己的愿望后，你根本就不知道自己的愿望是什么。如何才能重新找回自己的愿望？最简单的答案是：行动。

下面是更完整的回答，它凸显了与愿望保持流畅自然关系的重要性。想象一下你生命的第一个 20 年，绝大多数事情都是关于你以及获取你想要的东西。接着，你结婚生子。在生命接下来的 30 年，如何获取自己想要的东西已不再是重点。你不再是重点，你的生活关注的是你的家庭，以及如何获取他们想要的东西。思考一下这 30 年的人生对你的愿望所造成的影响。

现在，你是一位空巢老人。对于大多数人而言，穿越回到我们自己最初的愿望并不容易。它需要时间和行动，从而再次习惯想要某个东西。那是一种什么样的感受呢？想要与认为自己想要的感觉是不同的。行动有助于人们获得真实的愿望。行动越多，愿望回到我们身边的速度就越快，而且是相当得快。你会发现自己并没有丧失愿望的能力。它只是休息了片刻而已。

愿望如何影响创造性行动的其他要素

这里只是做简单的介绍。接下来的 4 个章节将要探讨构成创造性行动的 4 个要素。愿望是这 4 个要素的核心。如果现在就谈及这 4 个要素，你将看到这样的情景（在接下来的 4 个章节中，为了不打扰你的阅读，我们不会再像现在这样使用短句来解释为何愿望会成为创造性行动的核心）：

利用手边的资源快速行动。如果没有愿望，在面对不确定性时，人们将不可避免地去思考、研究和预测。除非你想要，否则没人愿意踏足不可知的世界。愿望是让你采取行动的动力。

评估可承受的损失。能够应用的资源可能是固定的，但你愿意投入的资源是可变的，它是由愿望决定的。如果你受限于固定的资源，愿望会让你在寻找资源的新来源时更具创造性。

基于行动结果的构建。愿望让你勇往直前。否则，遇到障碍时，人们就容易止步。愿望不仅可以激励你继续前进，而且可以促使你找到解决问题的方法。它不会保证你的成功，但至少可以让你尽自己所能。

吸引更多的人参与。除非你做出承诺，否则没有人会参与。正是愿望让你承诺。

▶▶ 练习：发现你的愿望

由于愿望是一种内在驱动力，有时你会难以准确地理清它的特性（例如，你知道自己想要帮助他人，但他人是谁以及如何帮助呢）。

为了帮助你理清自己的愿望，请写下6件你想要做的事情。不是想法、不是责任、亦不是理智认为正确的事情，而是你想要做的事情。

和自己的一个或两个朋友就以下内容进行交谈：

1. 你愿望清单上的每个事项。

2. 询问你的朋友是否知道你最强烈的愿望是哪一个或哪几个，以及这个愿望让你感受如何。

最后，你可能会更加清晰地了解自己的愿望。

总　结

1. 除非你采取第一步明智的行动，否则什么事情都不会发生。在这个世界，除非你做一些事情，否则想法永远只是想法。如果不采取行动，你所拥有的只是一堆想法。

2. 但在你行动之前……你必须知道自己想要什么。如果你没有一个强烈的愿望，你将永远不会把想法变成现实。

3. 你不一定需要执迷或甚至是狂热于自己的创意，但是必须有一些理由推着你向前。否则，什么事情都不会发生。

第二篇

面对不确定性时如何行动

What to Do When You Take
Action in the Face of Uncertainty

第三章
利用手上的资源快速行动

创业家们喜欢真实。他们总是希望能够脚踏实地。每个想要创造新事物或为了这个目的而踏足未知世界的人也是如此。这样做是有理由的。人们总是想要知道自己身在何处。

因此，评估现状的能力十分重要。在创业中也是如此，因为你想准确地知道自己能够支配哪些资源，以及无法控制哪些资源。这是创造性行动4个基础要素的第一个要素。一旦评估了资源，你就需要开始行动了。在随后的4个章节中我们将阐述这一点。

用"职业创造者"来描述创业家要比称其为商人更合适，因为创业家们创建新企业或新的商业模式和其他人埋头创造新事物的方式是一样的。他们创建新企业的过程类似于作曲家创作新曲子，软件工程师开发新程序或计算机游戏，作家创作新作品，或者营销人员开展新的广告宣传活动。在一张空白的画布上，新东西被创造出来了，一个新企业，一部新曲子，一个新的软件程序，一个新游戏，一部新小说，或者一个新广告。

你可以应用创造过程把愿望的东西变成现实。如同我们在上一章所看到的那样，愿望与创造过程形影相伴。你想要获得自己想要的东西，但是现在还没有。因此，你必须动手创造。

因此，创造过程的两个重要因素是"想要"（愿望）和"没有"（当前现实）。二者之间的鸿沟形成了一种张力，促使人们像创造者那样采取行动和发明来努力消除他们想要和现在没有之间的鸿沟。

有经验的创造者知道，只有创造的张力才能让这一创造过程顺利进行。你必须对自己想要的东西足够清楚明确，对当前的状况（还没有的东西）有非常清醒的认识。缺乏二者，创造的张力就无从谈起。

有经验的创造者能够在自己需求仍未完全明确的情况下开始行动，因为他们知道随着创造过程的推进，目标将会变得更加清晰。"我想要做一些事情来帮助儿童"的愿望，在行动一段时间后，可能会逐渐明确为"组织一个课余活动项目"。但是，如果你不知道从何处开始或不知自己身处何处，创造新事物的过程将会变得非常困难。这就是为什么在创业伊始或在创业过程中的任何时点，创业家们总是想要知道现状如何。他们总是尽可能地获取现实的最真实状况。其中的一个主要原因是，一旦开始行动，他们能够了解自己有什么资源可以利用。

但如果是基于预测思维，你会先从目标开始，然后制定一个实现目标的计划。计划的一部分内容是确定并列出所需要的资源。只有在获得这些必要的资源后，你才会开始行动；也就是说，除非这些条件都具备，否则你是不会采取行动的。

擅长于创造性行动的人们不会花几个月甚至是几年的时间来收集资源。他们喜欢尽可能早地——如果可能的话甚至会立即——开始行动。他们不会花太多的时间来计划和收集资源。他们总是选择利用手边已有的资源，甚至是在资源看似都不存在的时候，就开始行动。

这不过是摇滚乐，但我喜欢

如果你曾经在自家后院临时拼凑的棒球场（用一株小树和一小堆土来充当一垒和二垒）打过棒球的话，你就会立刻明白利用手上的资源快速行动的含义。同时你也会明白下面这个故事。

尼雅（Nia）和爱玛尼（Imani）从小学开始就是好朋友。作为朋友，她们有许多的共同点。音乐是她们生活的重要组成部分。

尼雅在初中就开始弹吉他，是一位完全靠自学的天才吉他手。爱玛尼学了10年的钢琴课程，喜欢唱歌，以及和尼雅一起演奏和演唱摇滚歌曲及她们自己创作的一些作品。邀请她们在晚会上表演的朋友们都认为她们唱得相当不错。

爱玛尼的哥哥在上大学时把自己的摇滚风琴留给了她，两个女孩把风琴加入了她们的演奏。虽然反响并不大，但她们还是获得了一些演出邀请，有时甚至还获得了报酬。

卢克（Luke）喜欢她们的演唱。作为一个伴唱的吉他手和不错的歌手，他丰富了乐队的声音，负责吉他主音及女孩们演唱时的背景声。

她们的乐队还缺一个鼓手。但风琴有音响合成器，爱玛尼为电子合成器编写了鼓声模式，有总比没有强。

她们逐渐有了一点名气，并只表演自己喜欢的曲子。观众开始为他们着迷，鼓手凯特琳（Caitlin）找到了他们，并加入了乐队。

这时，这个后来被称为黑眼豆豆（The Black Eyed Peas）的组合还没有红遍全球。

但是，对于我们而言，更重要的是，这是利用手上的资源快速行动的一个典型案例。

擅长创造性行动的人不会花几个月或几年的时间来收集资源。他们喜欢尽快地开始行动。如果可能的话，会立即开始行动。

另一个例子。几年前，斯蒂弗·罗宾斯（Stever Robbins）对从事播客事业充满了激情。为此，他买了一个小录音机和编辑软件，但结果也就是无咎无誉。一天，他灵光一闪，给一位自己并不相识的著名播客"语法女王"（Grammar Girl）写了一封信，表明了自己对她的个人网站的喜爱，并希望她能为自己提供一份职业播客的工作。非常凑巧，语法女王刚刚把自己的播客频道出售给了麦克米兰出版社（Macmillan Publishers），而该公司正在招聘其他播客加入这一频道。

一封写给异姓陌生人的简单信件给罗宾斯带来了新的机会。现在他的"开始吧年轻人"（Get-It-Done Guy）播客已经拥有 16 万订阅者，在脸书（Facebook）和推特（Twitter）上拥有成千上万的粉丝。这个故事的要点是什么呢？如果环顾四周，你会发现开始行动的机会比你想象的要多得多。但有谁知道它会把我们带到何处呢？

那么，应用身边的资源应该先从哪里开始呢？我们建议从你自己的资源开始并询问三个问题：

我是谁？ 你拥有哪些可以在创业时利用的性格、品味、技能、爱好等？

我知道什么？ 包括你的教育背景、培训经历、经验，以及专长等。

我认识谁？ 在你的个人、社会及专业网络中，现在哪些人可以来帮助你把创意付诸行动？

当然，你可以在任何地方开始自己的创业。你可能会问："我从哪里找钱来资助这件事？""我如何获得社会的支持？""我是否应该换个开店的地点？"与之相反，创业家们则喜欢利用自己的个人资源以便尽可能迅速地开始行动。通过询问以上三个问题，他们会立即清点自己拥有的关键资产。

由于个人资源在迅速开始行动及建立稳固基础中的作用十分重要，下面我们将仔细分析每个问题。

我是谁？

当问自己"我是谁？"时，你正试图了解自己是一个什么样的人。什么样的事情会让你着迷；什么样的东西对你来说是重要的；什么样的事情你不会去做，也许因为它们与你的价值观相背离，又也许仅仅是因为它们不值得你投入时间和精力。这些问题的答案可以给你一个自我的感知，从而帮助你快速地淘汰那些与之不符的想法（"嗯。我有一个令人感兴趣的粗略想法：帮助那些聪明但经济困难的孩子，让他们进入最好的学校学习。但你知道，我还想通过它来维持自己的生活。另外一个同样令人着迷的项目是公益性的课余活动，但它同样无法为我提供必要的收入来源。我的困惑是，如何在帮助孩子们的同时也能让我维持自己的生活？"）。思考的结果是，你知道自己想要做什么，以及不想做什么。

这个是非常重要的。正如我们前面所言，注意力集中能够让你以一种更加平和和持久的方式进行创造。第二章谈到（你的生活也曾经历过），如果一件事情让你感到心烦意乱、索然寡味、平淡无奇，那么要保持注意力是非常困难的。在这种情况下，创造力是很难生存的。

很多时候我们并不了解自己的优势和劣势。不妨邀请他人分享对你的看法。你不需要完全接受他们的观点，但他们也许比你更容易看到你的优缺点。

反过来，当你喜欢一个创意时，你的注意力自然就会关注它。自我意识是关键。你需要知道自己是谁、想要什么，以及不想要什么。

我知道什么？

你永远无法知道发现一个机会的洞察力来自何处。这就是为什么你需要把知道的东西进行心理层面的分类。例如，你可能因为一所学校严谨的数学和自然科学声誉而报考它。尽管获得的是工程学学位，但你十分享受与一批志同道合的朋友度过这段学习时光。这就是为什么当思考自己知道什么的时候，你还想要了解自己的个人和专业生活。与此同时，你会把可能想到的每件事情都列入其中，因为此时你无法决定哪些事情是有用的。

我认识谁？

成功的创业家们一般在创意形成时就吸引他人参与创业过程（我们将在第六章进行更为详细的介绍）。他们总想要最大化地利用手上的资源。当你朋友的朋友拥有世界上最大的轮子商店时，你没有理由再去发明轮子。或想想另外一种情况，你想办一份时事简报，而你舅舅的印刷厂的生产能力正好闲置。

不论你是创立一家新企业，还是领导一家企业的变革，或者是在你的学校建立一家新的俱乐部，适用于他们的方法也应该适用于你。这就是为什么确定你认识谁那么重要（参阅"清点盘货"）。

▌清点盘货▐

开篇做得最好的书籍之一是本杰明·史巴克博士（Dr. Benjamin Spock）的《幼儿保健常识》（*Baby and Child Care*）："你知道的比你了解得多。"

这对于父母而言是对的；对于任何思考创新的人而言也是对的。为了帮助你了解自己到底知道什么，我们先进行分类。

问问自己，在这些方面你知道什么：

- 专业方面？
- 曾经接受的培训方面？
- 个人方面？
- 周边世界？

然后，问问自己：

- 我有哪些能力倾向？优势表现在哪里？
- 我在学校所学的哪些东西可以帮助我？
- 我从个人和专业经历中学到了哪些东西？

最后，思考一下自己认识的人。如果你曾经筹办过一场婚礼，或者为你所有的朋友和熟人举办过一次晚会的话，你应该意识到自己认识的人远比自己了解的要多。

为了帮助自己列出一个清单，你可以根据分类来列出自己认识的人。也就是说，问问自己认识哪些人：

- 个人方面的？
- 社会方面的？
- 专业方面的？

基于这个清单，你可以根据特性目录添加更多的名字，例如：

- 有钱的人（如果你做事需要融资的话）；
- 敢于承担风险的人；
- 知道其他人的人；
- 能够营造快乐工作氛围的人；
- 真正能干活的人……

然后，你可以按照特殊技能分类来了解自己认识哪些人（如果你正在创业的话）：

- 财务？

- 营销？

- 招聘？

- 创建一家公司？

如果你准备在当地的社区学校开设一门新的课程，那么你还应该了解：

- 谁可以帮助宣传？

- 谁可以帮助我确定我的课程大纲是否涵盖了所有我想要讲授的内容？

- 谁可以帮忙处理相关的行政事务？

我们保证你对每个问题的回答都将触发三个以上值得追求的潜在创意（如果结果不是这样的话，你就应该继续询问）。

（想要了解这三个问题是如何一起应用的，参阅"在现实生活中这些是如何运作的"。）

在现实生活中这些是如何运作的

现在，让我们看看这三个问题是如何一起应用的。

当艾洛特·戴利（Eliot Daley）决定辞任著名电视节目《罗

杰斯先生的邻居》（*Mr. Rogers' Neighborhood*）的制作公司的执行副总裁一职时，他有许多资源可以利用。

在回答"我是谁?"这个问题时，他的答案可能是：我是一名资深的公共电视工作者，或是一位个人兴趣包括"网球、帆船、高尔夫、旅行、戏剧、音乐、阅读、赛车、烟花、礼拜、风筝、写作、唱歌，以及做白日梦"的人。

如果问他知道什么，他的回答是"很多"。他具有从基金会、公司及政府机构获取赞助的丰富经验，拥有社会科学与教育和神学双学位。而且他具有强烈的愿望："展现自己的内心，希望社会更加美好，并且和他人一起合作实现这个愿望。"

由于独特的商业、个人及教育背景，他的人脉资源非常广泛。

为了利用自己的资源，戴利决定"利用自身优势投身于商业活动，通过创立一家新企业来实现自己的梦想。这是一个不可错失的机会，一个很好的创意，而且容易获得资金来源。这是因为我的主要工作之一就是为《罗杰斯先生的邻居》节目寻找资金，我非常熟悉这项工作，尤其是寻找公司和私人投资者"。

"有两件事让我感到十分震惊：第一，融资太容易了；第二，在如何使用这些宝贵的资金方面，捐赠者是很少进行策略性思考的。对于大多数捐赠者而言，他们是否捐赠只是一个应对自行找上门的各种请求的给或不给的临时决策，而非一项特定改善社会并被精心策划的计划。在每年几次的临时会议上，少数捐赠受托人对堆积如山的申请项目进行筛选，提名他们自己喜欢的项目，进而分配资金，享受一顿丰富的午餐，然后回家。"

"从创业精神的视角来看，事情就变得简单明了了：这些捐款显然需要专业人对其进行战略性管理，因此我准备成立一家专业基金会咨询服务公司，一家帮助非专业的私人基金会受托人进行计划和执行它们的公益性战略的咨询公司。这个想法太棒了！"

想要了解这个"简单明了的事情"最终是如何实现的，建议阅读第五章。

其他资源

现在你已经完成了对个人资源的评估。还有什么东西也可能构成自己的资源呢？简洁的答案是：任何既可以获得又可能相关的东西。但你马上就会面临挑战：在一个未知的世界活动时，你不可能知道什么是相关的或什么是在未来可能会相关的。因为事先不可能总是清楚哪些信息或哪些潜在的资源是值得关注和不值得关注的，这意味着每个东西都可能具有潜在价值，至少在最初的时候是这样。只有在后来（或了解真相后），你才能知道哪些东西是至关重要的，以及哪些是多余的。因此，不仅在理论上不存在这个问题的正确答案，而且决定哪些可能是潜在资源的方法也不存在。

情景对相关性的影响使得判断变得更加困难。如果你正在创立一家企业，你可能想要知道自己可能采用的技术或准备销售的市场是否真实存在。如果你正准备创建一个社区娱乐中心，你可能想要知道一些关于建筑费用、交通及社区成员兴趣等信息。这就是为什么你在确定自己身边的资源时要列出所有的潜在资源。

留意当前的现实

你已经对自己周边的潜在资源进行了清点。这非常好，但是你还必须继续这么做。你需要把它变成一种习惯。资源清单并不会自动更新，而没有及时更新可能会导致某些问题的出现。

首先，你很可能会遗漏一些重要的东西，如一个新的资产、一个新的机会、一个新的发现。

其次，如果没有基于真实和现有的资源开始创业，你更有可能做出一些错误的假设。例如，你可能误认为说服政府成为你的合作伙伴是一件比较容易的事情。当你计划开展一项出于良好愿望的项目时，你说服政府，"它只需要每个纳税人支付1.34 美元"。或者，你主张一种新的福利方案，因为它在降低长期健康保健成本方面"将获得超值的回报"。

两项建议可能都非常正确，但要把它们列入政府预算，可能就不是那么回事了。你需要知道政治家们会支持和反对什么。在超出自己认知范围的基础上形成假设不是一种正确的做事方式。

如果情景正如你所假设的那样，你可以创造一个潜在的机会，那就成了一个预测思维的问题。但预测未来是困难的。在霍华德·舒尔茨创建星巴克之前，市场上的咖啡销售已经持续下降了二十多年。在有线电视和天狼星 XM 卫星广播公司（Sirius XM）出现以前，人们都认为个人是不会为电视或广播付费的。

另外，如果不能对现实保持清晰的头脑，我们就极有可能会陷入把自己的行动建立在现实的基础之上，而这并不是个好主意。再没有比二十世纪七八十年代美国汽车工业的例子更典型的了——"美国人总是买美国车而且也将一直如此"。

当你面对未知情景时，了解当前的现实是一个非常非常非常常好的建议。

▶▶ 练习：利用身边的资源快速行动

1. 从第二章练习中选择一个令你兴奋的愿望；

2. 清点你身边现有并真实存在的所有资源（本章"清点盘货"可以为你提供帮助）；

3. 决定你马上就能采取的实现愿望的下一步（任何的）行动。

小　结

1. **一旦知道自己想要什么**，你必须找出实现的方法。这意味着，你需要马上知道自己有哪些资源。询问自己三个问题：我是谁？我知道什么？我认识谁？

2. **继续向前的一个关键是了解当前的状况**。真实的世界与你设想的并非完全一致。也许你可以改变世界。但要达到这个目标，你首先需要了解当今世界的状况。这可能是创业家们的阿喀琉斯之踵[1]。他们可能过分地关注于他们想要做的事情而对当前的状况却疏于仔细的了解。

3. **一旦了解了自己的处境和能够支配的资源**，你就可以开始准备行动，这也意味着你决定了准备把哪些资源投入"游戏"。我们把这个问题留在下章讨论。

---

[1]　阿喀琉斯之踵指致命伤、最大的弱点。典故出自荷马史诗《伊利亚特》。特洛伊战争中，希腊联军阵营最骁勇善战的一支军队是由阿喀琉斯率领的。神忒忒斯是海洋女神，生下阿喀琉斯之后，抱着他来到斯提克斯河边来泡水，使他刀枪不入。可是因为手捏着他的后脚跟没泡到水，因而成了唯一的弱点。阿喀琉斯后被特洛伊城的巴里斯王子一箭射中后脚跟而阵亡。——译者注

第四章
评估可承受的损失

历史经验告诉我们：未知情景中充满了风险。基于这种情况，你需要在行动之前决定自己能够承受的损失是多少。这是一种让损失最小的方法，一种在失败的时候能够确保以最短时间和最小失败的代价获得宝贵经验的方法（毕竟这还算是次优的结果）。接下来，我们将说明如何把潜在损失减少到最小。

经验丰富的创业家们并不认为自己是个冒险者，尽管其他人都这样认为。原因在于，他们拥有绝佳的方法来控制创业的潜在损失。

这种情况令许多人感到吃惊，因为如果阅读大众媒体，你可能会认为成功的创业家们喜欢冒险。有媒体宣称，当站在悬崖边时，这些创业家们会更愿意选择利用自制的床单降落伞来安全地跳下悬崖。

但这并不正确。实际上，他们更喜欢使用绳索和安全带。具体地说，在面临未知世界和尝试创立新企业时，他们偏好的是可衡量的行动。他们并不喜欢风险。他们只是接受风险，并且通过行动努力把风险降到最低。

那些曾经创立过一家或多家企业的创业家们将建议你，在开始思考创造某些新东西之初，你就需要知道自己准备承受多大的损失。并且你还需要想尽一切办法来确保自己不会超过那个损失。

成功的连续创业家们遵守风险管理的基本原则是这样的：如果你准备参加一个结果不确定的游戏：（1）不要下超过你预期回报的赌注；（2）不要下超过你可承受的损失的赌注。

这些内容可总结为一个短语："可承受的损失"。这一概念是指，当准备进行一个需要投入大量时间、资金或其他资产的创业冒险行动时，你需要思考自己将要承担的风险的潜在负面结果。动用的投入必须小于当行动的结果未达到期望值时可承受的损失。

┤ 这不单是一个数学问题 ├

当你考虑创业应该承担多少风险时，最好问自己一个问题："我能够承受的损失是多少？"也许你会把它归结为一个算术问题：你想通过创业挣 10 万美元。你期待的投资回报率是 25%，这意味着，你愿意承担的风险是 2.5 万美元的损失。就这么简单。

算术结果可能是对的，但是它并没有考虑到驱使你做出创造自己想要的东西这一决策的愿望。

虽然 25% 的投资回报率看起来很合理，但如果创意对你来说很重要的话，或许只要达到投资的盈亏平衡点你就可以接受，甚至愿意承受一些损失。因此，可承受的损失一词指的是"不要让损失超出你能够接受的范围"，它取决于你用来计算的方法。

这和在预测思维的世界里应对风险的方法完全不同。在一个可预测的情景中，你可以花费大量时间来估算回报率，即追求一个特定机会可能得到的财务回报，然后优化计划从而达到这个在财务上称为"预期收益"的目标。这个直截了当的逻辑可以描述如下：

1. 分析潜在市场，选择拥有最高潜在收益的细分市场；

2. 提出和优化能够获取预期收益的产品或服务的计划；

3. 计算获得预期收益所需的资金、时间，以及其他资源成本；

4. 根据你能想到的与预测不相符的情况，对预期收益进行修正。

这个逻辑结果只有一个：你是否应该追求那个机会。如果你在大公司工作，就会觉得这种情况非常熟悉。它是多年来应对"股东价值最大化"的一个自然结果。

在不确定的世界里投入大量精力计算预期收益是很不明智的。

作为在一个可预测的世界里十分有效的方法，预测思维在未知世界可能毫无用武之地。如果使用预测思维的方法，你必须不断地进行基于猜测的假设，而这完全依靠大量的研究和计算。最终，为了得出看似理性的决策，你要通过把预期收益缩小的方法（乘以小于100%的比例）来应对不确定性情况，从而显得自己计算的结果具有确定性。

财务决策简化

除此之外，可承受的损失还简化了财务决策。理由如下：

现实中，企业应用各种财务指标来帮助决定一个新项目是否值得投资。其中一个重要的指标是"预期收益"，其含义是："每1美元投资的期待回报是多少？"

为了计算预期收益，我们需要估算未来的销售收入（不确定）和潜在的市场风险（不确定）；融到的资金除了要维持正常的运作外，还必须能够有效地应对所有没有被考虑到的风险（不确定）。相反的，为了计算可承受的损失，我们需要知道的仅仅是我们自己当前的财务状况（已知）——我们有多少钱和其他资源（已知），以及我们愿意承担的风险（或损失）的极限（已知）。我们承诺用这个数额的金钱开始行动的同时，也要寻找更省钱的方式来运作，或者找到一种合适的方法来吸引其他投资者加入（我们将在第六章更详细地讨论这种情况。）

就像你看到的那样，可承受的损失改变了决策过程，从应对未知情况的决策转为基于可知情况的决策。

情景越是不确定，应用数学方法就越不明智。对未知情景进行精确预测几乎没有什么价值。而且，这也解释了为什么创业家和其他创造者们总是使用另一种思维，即可承受的损失。他们不会花费太多的时间来预测或评估自己面临各种机会时的比较风险。"机会是否足够吸引我?"替代了"机会有多大?"的问题。

他们的注意力关注的是自己可承受的损失，即当情况不如所愿时，可能损失多少。而不是关注预期的收益，即他们可能挣多少钱。

限制负面结果总是对的

正如你所看到的，应用可承受的损失这一概念有两个益处：一方面，它让任何失败都尽可能的小。根据定义，你不会损失超过自己可承受的部分。另一方面，它为你提供了另一种评估机会的方法，一种不需要全部依据利润来进行评估的方法。

创立一家企业可能源于众多的原因。可能是为了挣钱，但也可能是其他原因。比如，"我受不了我的老板了，我要自己干"。也可能源于一个高尚的目标"我真的很想帮助居家的妇女"，或者很简单的"如果现在不动手创业，我可能永远都没有机会了"。应用可承受的损失这一概念可以让你的创业有其他动机而不是非要创造最大的投资回报（尽管"我要挣大钱"是开始创业的一个很好的理由）。

但是，尽管创业的理由可能不计其数，但资金方面的风险却是可以明确的；它取决于你自己可承受的损失。

> **如果你想要或期望玩一个结果不确定的游戏：**
> **1. 不要支付或下超过你预期回报的赌注；**
> **2. 不要支付或下超过你付得起和愿意承受的损失的赌注。**

可承受的损失这个主意到底有多重要？在萨阿斯瓦斯研究的所有连续创业家们当中，没有一位创业家在创业之前，"试图获取有关潜在回报或预测项目的理想投资金额的信息。相反，他们想的只是损失必须是他们能够付得起的"。

┃ 这种方法也适用于个人生活 ┃

我们的朋友海蒂·古贝尔（Heidi Guber）提醒我们，可承受的损失这一概念同样适用于在工作之外的个人生活，尤其是解释基于现有结果的发现这一理念时（参阅第五章）。"在过去的每个结婚周年纪念日，我先生和我要做的就是寻找能够飞往世界上任何地方的最便宜的机票，这个行动把我们带到了世界上许多美妙的地方，例如希腊、中国香港等。但是在买到最便宜的机票之前，我们完全不知道要到哪里旅行。这让我们经历了许多计划之外却令人难忘的探险。"

"更为重要的是，如果旅行的体验不尽如人意，但至少也不会让我们花费太多。"

如何应用可承受的损失

当准备采取行动时，你需要问自己两个问题，以确保自己没有超过可承受的损失：

- 为采取下一步行动，我能付得起什么？
- 为采取下一步行动，我愿意付出什么？

我们谈到的成本远不止财务方面。事实上，可支配和可能面临风险的资产至少有五种类型：

1. **金钱**。这个显而易见。创立和运营一家企业的成本相当高，如果能够找到方法可以减少资金投入的话，你肯定想这样做。

2. **时间**。时间和金钱一样重要。就像以货币来衡量"可承受"的损失一样，你也想在时间上有个限制（"我最多花 6 个月的时间来把这个创意付诸行动，从而看看其是否可行"）。

3. **职业声誉**。我们每个人都有一个职业声誉。当你第一次创业时，对它的影响可能非常细微。如果付诸行动的创意确有价值，并且你已经全身心地投入，即便是失败也没有太大的关系。因为你已经尽力而为了。如果这个想法行不通，那就换一个。但是，如果你被视为那些没有预估到明显存在的问题，或不能合理保存和使用资源的人，失败的经历则会严重损害你下一次的行动。你可能会发现自己融资变得更加困难，甚至难以获得支持。职业声誉受到损害是一个巨大的损失。

4. **个人声誉**。人们可能不喜欢这样的问题："你以什么为生?"并努力争辩说工作只是生活的一部分。这是正确的，但尽管如此，收入水平依然是人们评价他人的一个依据。没人想要让自己的创业成为一件尴尬的事情，从而损害自己的自尊，或羞于告诉他人自己真正在做什么。这种情景与职业声誉受到损害是一样的，不同的是它对家庭的影响更大。它损害了你在那些最亲近以及最密切的人、教会、民间组织或其他任何可能受到影响的社会圈子中的地位。愚钝或经常失败会让人难堪，并会带来不良的社会心理后果。

此外，家庭和朋友是创业资源的主要来源，你当然不想浪费他们的金钱（和你的个人声誉），尤其是你爱人的钱。另外，把所有时间都投入在创业上也让你逐渐疏远了家人朋友，因此你不得不仔细斟酌，以确保自己计划所做的事情要比失去与家人共享生活之乐更值得。

5. **机会损失**。如果你正在进行 X 项目的创业，那么就无法同时进行 Y 项目的创业，即使 Y 可能是一个更好的创意。这个在管理学中称为"机会成本"——无法追求其他机会的成本。你除了需要留心放弃其他机会而产生的机会成本，还需意识到其他形式的机会成本：错误行动的代价——其他人想到了和你相同的创意并付诸行动；以及不行动的代价——你可能一辈子只能待在一个自己不喜欢的岗位工作上，或丧失创造一个让自己生命更加辉煌的绝佳机会。

┃ 一个让快乐从指间消失的故事 ┃

你可能有一个很好的创意，但决定不采取任何行动，因为你相信自己还有更有意义的其他事情等着去做。换言之，这个创意的时间机会成本高于做其他事情。全球领先的创新咨询公司马多克–道格拉斯公司（Maddock Douglas）的创始人兼CEO迈克尔·马多克（G. Michael Maddock）是这样解释的：

"我是一名钓鱼爱好者。就像大多数钓鱼者一样，我一直梦想用一个了不起的鱼饵钓起一条大鱼。我总是随身携带成百种不同类型的鱼饵，因为我不想因为没有最新、最完美的鱼饵而失去机会。当开始钓鱼时，我总是认真地准备，而且我认为，每个曾经是童子军的钓鱼者也一定和我一样。这是一批相当大的人群对不对？"

"大约10年前，在加拿大中部的一个寒冷的清晨，我的假饵出了一个令人恼火的问题（说明：也称拟饵，是一支钩柄较长的鱼钩配上一个简单、通常是彩色的铅锤，常用于路亚钓法。钓鱼者可以根据自己的喜好在假饵上搭配塑料蚯蚓或亮片等各种东西）。"

"每一位使用假饵的钓鱼爱好者都会使用一个带有穿线洞的

假饵，但有时那个洞会被油漆堵住。由于假饵是大批量制作并喷有油漆的，因此，有些被油漆堵住穿线洞的假饵进入了市场。"

"在加拿大那个寒冷的清晨，我想到了一个可以解决这个问题的发明。EyeOpener 公司就这样诞生了。这个可以避免让油漆堵住假饵穿线洞的巧妙小发明可以让全世界的钓鱼爱好者节约几百个小时的时间。"

"我不停地与人谈论这件事。我请朋友们喝咖啡，请教他们是否赞同这是一个大发明。我注册了商标，画了机械草图，但始终并没有全身心地投入这件事情。工作、家庭及其他更有前景的创意排在了更优先的位置。严格地说，我并没有抛弃这个创意，总有一天我会抽出时间来把它付诸行动。它真的是个好创意，但是我还有更大的鱼要钓（打个比喻）。"

"我至今还记得我太太在艾奥瓦州（Iowa）的沃尔玛尖叫的情景，她看到'我的'点子已经被其他人推向了市场。她根本不知道我还有几十个相似的甚至是更大的'点子'依然放在家里的抽屉里。"

我们不能确定是否存在可靠的方法可以为在未知世界进行的创业提供保障，从而让创业者通过一种特定的努力使创业获得成功。但是，肯定有一种方法可以降低失败的成本，那就是创造性行动。即使创业失败了，也很便宜。

┨ 钱、钱、钱 ┠

那些一次又一次创业成功的人的确采用了一种创业思维，"这个项目我只能够承受得起 X 美元的损失，不能再多了。"但是，能够承受得起 1 万美元的损失并不意味着你想要损失这么多。显然，你更希望损失少一些。在创业进入正常轨道之前，最好一点损失都没有。

但是，行动将改变一切。你可能带着 2 万美元开始创业，但你愿意承担的风险可能只有 1 万美元。随着创业的进行，你可能发现，再加 2,500 美元就可以让自己胜券在握。突然间，12,500 美元成了你可承受的损失。

相似的，你可能说服自己，不超过 3 个月的时间就可以确定创业是否可行。但是一旦开始，一切都有可能改变。

这一点需要进一步强调，因为它和大多数人认为的创业家在创业时总是"孤注一掷"地投入所有资源的形象恰恰相反。有些时候，他们可能是孤注一掷，但大多数时候却不是这样的。一般而言，他们要么采取最低成本的方案，要么采取按照低成本进行行动的创新方法。

此外，他们明确地把自己视为财务上的保守派。例如，一位连续创业家说道："当开始创业时，我非常清楚自己会投入什么。我总是采取最低成本的方案。因为是自己承担费用，所以如果可能，我会尽量避免承担任何大的风险。"

> **可承受损失的概念与我们已经讨论过的两个理念是相一致的。在问到"我能够承受的损失是多少"时，你正在评估自己的当前状况。当决定自己愿意（和准备）损失多少时，你正在重新评价自己的愿望。**

不仅在财务上稳健谨慎，创业家们还喜欢可承受的损失这一概念所强加的限制。例如，激励定位公司（Incentive Targeting）创始人乔舒亚·赫奇格－马克斯（Joshua Herzig-Marx）在博客上阐述了自己的观点：行动胜过一切。一个企业在可承受的损失的基础上运作，"就像带着 50 美元现金走进一家赌场，身上没用信用卡。你知道自己可以损失的金额，并且相信自己可以以此为限，这会让你会玩得更加有趣"。

▐ 可能遇到的最糟糕的情况 ▐

分析一个创意为什么不成功的事后总结，是商业上经常使用的方法。但是，事先找出哪里可能出错的"事前分析"，在商业活动以及任何你想要进行创新的地方不是更有用吗？

有理由相信事前分析是可行的。在行动之前，你可以假设自己准备创立的新企业已经悲壮地失败了。然后，记下每一个你可以用来解释失败的可能原因。最后，采取措施来克服这些可能存在的问题。

事前分析是降低风险的一个非常有效的方法。

可承受的损失是非常个性化的

可承受的损失和创业无关，它是个性化的。它因人而异，并与所处的年龄阶段息息相关。例如，当你年轻的时候，你可能愿意承担更多的风险，因为你知道自己还有几十年的时间可以用来挽回损失。而当你的小孩正处于上大学的年龄，你需要通过节俭来筹集学费时，你能够承担的风险则要小一些，因为今后还会有更多的账单接踵而来。

让我们一起看看可承受的损失是如何应用在实际中的。设想一位 45 岁左右的男士，他正在考虑辞去当下的高薪工作开始创业。如果这位创业者采用预测思维方法，他将首先开展深入的调查，除了需要估计市场规模外，他还需了解自己可能面临的各种风险和挑战（竞争者、市场环境变化等）。他认为自己面临的潜在风险和挑战越大，他需要筹集的资金就越多，以便应对创业中的不确定性。

这位潜在的创业者可能会说："我最好制订一个商业计划书"。几个月甚至是几年的时间就在他研究和准备计划书的过程中流逝了。最后，他开口道：

"我决定创立一家服务公司，帮助理工科背景的 MBA 毕业生找到去高科技公司上班的工作。创业需要 100 万美元，因为建设和维护这样一个数据库需要花费一大笔钱。我的预测结果显示，这是一个巨大的市场机会，并且它和我的技能经验相匹配。分析结果表明，实现盈亏平衡大约需要 2 年。个人储蓄加上家庭和朋友的帮助，我可以投入 10 万美元。这样，我还需要融到 90 万美元才能开始创业。这还意味着我将失去未来 2 年的个人工资收入。让我周末再好好想一想。（72 个小时之后）好的，我做。我现在就开始筹集那 90 万美元。"

相反的，应用创造性行动思维方式的创业者则在评估身边的资源和自己可承受的损失之后就会马上开始行动。这是一种非常不同的内心独白：

"我已经 46 岁了。我最大的目标就是要做自己的老板。自己的储蓄加上家人和朋友的借款，我有 10 万美元可以投入自己的创业项目。在产生收入之前的 6 个月里，我需要 5 万美元用于创业，5 万美元用于维持生活。最糟糕的情况是创业失败，然后我身无分文。如果那种情况真的发生了，我一共损失 10 万美元，然后再回到以前的公司工作，或在行业里找到另外一份工作，想办法偿还所有的借款。我愿意承担这样的风险。如果最终以输钱为代价，那也没什么。那又不是我的世界末日。"

"但是，如果我现在不承担这份风险，那应该是什么时候呢？我不想让自己20年后才醒悟，成为那种不断念叨'我可以是那样'的人。"

"后悔自己想做某件事却从未付诸行动，是一件令人伤心的事。我的家人愿意与我一起承担风险，当知道创业充满风险时，我却自我感觉良好。我将着手开始行动，并根据需要进行调整。当然，所有这一切都必须基于正确的前提，那就是MBA就业市场存在一个未被关注的机会。我认为工作匹配的想法可以有许多方法来实现，如果我在创业中发现网站或时事简报等其他技术方式更为合适，我会那样做的。"

需要注意的是，应用创造性行动的人们不是思考"从何处才能获得最大的回报"或"什么可以让我获得最大的利润"，相反，他采取了源于愿望的行动。这是他内心想要做的事情。他渴望成功，但也明确自己可承受的损失。

正如你所看到的那样，可承受的损失让你更加关注当前的行动，从而为未来提供了更多的选择空间。当然，这种情况只在你愿意调整自己新创企业的模式时才可能发生（"我想做些事情来服务应届MBA毕业生就业市场"而不是"我只关注刚毕业的理工科MBA毕业生的就业匹配服务"）。换言之，如果你能够让自己适应手中有限的资源，而不是仅仅局限于一个特定的目标，你就有更多值得追求的选择。

少量资源就可以开始

当管理者被教育要分析市场并以未来最高收益为目标来细分市场时，创业者则可以利用最少资源（如时间、精力、金钱等）的创造性行动来走向市场。在极端情况下，它意味着创立一家公司几乎可以不需要资源。这并非言过其实。想想那些包括惠普和苹果在内的高科技企业，它们都是从某个人的车库开始创业的，至少表面上是这样。

尽管创业并不经常起步于极少的资金，但连续创业家们在行动前的确没有做太多传统的市场研究。相反，他们常常是把原型产品展示给周边的未来潜在顾客，为了获得一个订单，他们不遗余力地介绍最终产品的特性和好处。

为什么这样做？从这些潜在顾客的反应中你可以学到许多东西。你可以找出障碍出现在哪里，顾客和潜在顾客面临的问题是什么，以及他们是否愿意付费。你甚至可以获得一些财务帮助。市场研究本质上就是销售。事实是，**除非有人买你粗糙的初始产品，否则创立一家新公司的想法都只是做梦**。直到有第一笔销售才是真正梦想成真。

失败是成功之母

可承受的损失的理念可以为创立一家新企业带来更多的机会。原因很简单，它意味着你可以在相同的时间内获得更多的出击次数。为什么？首先，低成本的创业起步能够让你迅速地开始行动。如果使用预测思维方式，你必须在行动前准备妥当所有的资源。而应用创造性行动思维方式，你只需朝着目标迈出一小步就好。这意味着你很快就可以获得市场的"真实检验"。其次，因为成本低，你的创业就可以更持久，并且可以在行动中迅速地进行调整。在创业旅程中的任何时候，如果觉得项目不可行，你可以随时放弃。这样可以有效地控制损失。这两点意味着，即使你创业失败，也可以失败得更早一些而且成本很低。这让你还可以有时间和金钱等资源来尝试其他的想法。

即使你已经开始创业并达到终点，即达到了你准备损失的限额，并决定放弃（也许是因为你不再愿意继续，或者发现市场不接受你的东西），这也不可怕，因为风险并没有超出你可承受的范围。它只是让你有时间重新部署和思考下一次创业要做什么。

如果你应用预测思维方式，情况就不同了。你会一直制定计划。你会花费大量的时间来组建团队。如果选择传统的融资渠道寻找风险投资的话，你可能需要花费 2 年的时间（这是真实情景）才能最终得到自己需要的资金，而这还只是在风险投资做出投资决策的前提下，而他们的决策也有可能是不投资。根据美国小企业管理局（the U.S. Small Business Administration）的统计，每年他们大约投资 60 万家新创企业中的 1200 家。这60 万家新创企业中生存可以超过 2 年的企业大约只有 66%。其他的研究表明，生存可以超过 8 年的企业只有 44%。

在最糟糕的情况下，如果应用创造性行动思维方式进行创业，你可以失败得更早一些而且成本很低。这不是一件坏事。

做个简单的计算，你会发现，在相同的 2 年间，你可以创业和失败两次并开始第三次创业。如果有一个成功，你就有 100% 的机会拥有一家成功的企业，而不是 0.2% 的机会拥有一家由风险投资公司投资的企业。

记住，当你花费所有这些时间用于寻找投资者时，市场已经发生了变化，当你终于获得投资时，机会之窗可能已经关闭了。

可承受的损失与资本密集型产业

我们经常被问道："如果我需要 2.5 亿美元（或其他更大数额）才能让创业起步，可承受的损失的原则是否也适用？"

简单的回答是："小部分。"

详细的回答是："可能不适用（但那也不是一件坏事）。"

让我们来解释这两个回答。

显然，你可以应用可承受的损失的原则来帮助自己确定，是否真心想要投入创立这些需大量资金的生产工厂、生物实验室或其他项目。在创业的某个时候，你将需要吸引大量的投资来让创业继续。这意味着你必须找到专业的投资者，即那些遵循预测思维方式的投资者，而且他们也会要求你必须遵循预测思维方式。

这样做没有任何问题。但记住我们从一开始就阐明的观点：创造性行动思维——包含可承受的损失的思维——其设计不是用来替代预测思维的。预测思维依然有其用武之地，当创业需要大笔融资，关注未来现金流和投资回报的时候，预测思维将占据主导地位。当预测思维有用武之地时，就应该进行预测。

还有一件事需要强调。你正在寻找的那些风险投资巨头们会考察你的背景，看看你是否有创立其他成功企业的背景。就像我们曾经讨论的那样，创立一家企业的最快方法是应用创造性行动思维。因此，如果还没有成功创业的经历，你可能会想在寻找专业投资者之前，用创造性行动思维来帮助自己在履历上添加一个（或两个）创业的经历。

迅速开始行动

在第三章，我们谈到创业家们倾向于利用手上的资源快速行动。现在我们可以来回答他们是如何快速地开始行动的。实际上非常简单：**当你想要某些东西而且又明确了自己的资源和可承受的损失后，接下来最自然的事情就是行动**。在这样的情景中，不行动才是不正常的。

这就是经验丰富的创业家们的秘诀和他们看似如此冲动行

事的原因。在明确了自己想要的东西后，他们会把自己下一步行动的成本降低到没有理由不行动的程度。他们构建和参与的行动没有致命的决策，而且采取的是远比过多思考更加明智的快速行动和自我纠偏。

快速行动的诀窍非常简单：明确自己想要的东西，利用手上可立即利用的资源，创造性地策划可承受的损失最少的下一步行动。如果完成了这些步骤，你将发现下一步该做的就是开始行动。

≫≫ 练习：评估自己可承受的损失

当你考虑在创业时个人能够承受多少风险，也就是可承受的损失时，问自己以下这些问题：

- 我有哪些个人资产？
- 什么是我能够承受的损失？
- 在最悲催的情况下，我愿意损失多少？

在回答这些问题时，想想你在第三章练习时考虑的下一步行动。它是否在你可承受的损失范围之内？

把自己的愿望和想象的下一步行动说给一位朋友听。然后一起讨论如何降低行动成本（金钱、时间、声誉，等等）。

现在，如果你愿意，可以采取行动了。

总　结

1. 在创业行动之前要知道自己愿意承受多大的风险。

2. 努力让自己不要损失太多（或没有损失）。显然，你的目标是用尽可能少的资源。

3. 放弃退出，当你发现自己不想要了或确信由于技术、市场和个人原因（例如超出了自己可承受的损失）使创业无法成功时。

第五章
基于现有结果的发现

专业的创造者们——诸如创业家和那些把不曾存在的东西带到这个世界的人们——喜欢知道事物的真相是什么，尤其是在他们遇到困难和惊喜的时候。如果有些事情出错了，他们相信那是一件好事，而且有可能是一件非常好的事。他们相信问题和障碍实际上是上天赐予的财富。让我们看看为什么是这样。

大家都知道"每一个困难的背后，都是一个重大的机会"这句谚语，这听起来就像陈词滥调。但事实是：

- 创造性行动思维的部分内容就源于这句断言，而且；
- 创业家们总是提到它，并认为它是自己成功的原因之一。

我们是在预测思维的世界里成长的，我们总是被教导，要么防止意料之外的事情发生，要么就克服并战胜它。效率优先，追求最优的结果，以最小的偏差最快地实现目标，这些在预测思维的世界里的确行得通。一旦你花费所有的时间规划出自己要什么，并计划出如何得到它后（预测性的），接下来要做的就是让那个预测成为现实。因此，不出意外，当行动中出现预料之外的（和不希望发生的）情况时，人们就会变得不安。都想尽可能迅速地消除或克服任何偏差。

不同的是，创造性行动思维则把预料之外的情况视为一个机会，对意外事件和不确定性加以充分利用。那些成功创立新企业或创造新东西的人们，不仅学会了如何与惊奇相伴而行，而且还学会了如何对其加以利用。

由于应用创造性思维的人们开始行动时的目标都比较松散（"我想在娱乐行业找一份工作"），因此他们可以把自己的目标与从随后行动遇到的困难和障碍中学到的东西相结合。（"嘿，我想也许我有机会开一家前卫一点的夜总会，但在我看中的地方已经有了一家，这是我必须面对的事实。也许我可以找到和那些夜总会进行合作的方法，我可以做他们表演演员的星探，或在他们业务的基础上做些事情。我也许可以创建一个专注新音乐的网站，然后吸引他们来做广告。"）

这看起来很熟悉的另一个原因

与障碍或机会并行也是大多数人职业生涯中蹒跚而行时的经历。有些人在很小的年纪就知道他们将要成为消防员、医生、会计，但大多数人只是在自己（有那么点）喜欢的领域先找到一份入门工作，我们的职业生涯就是从那里开始进化演变的。如果你问 50 多岁的人，让他们想象回到自己的高中时代，现在的生活会是他们当初想要的吗？我们敢和你打赌，85% 的人会说："见鬼，才不是呢。"

在执行大多数计划时，意外是件坏事。但应用创造性思维的人们是不会让自己限定于任何理论或预想的市场、战略规划或行动方案上的。对于他们而言，困难和挑战是一种与劣势完全不同的潜在资源（"谁能想到原先被认为是竞争对手的夜总会却成了我创办网站的支持者"）。

> **问题是个好消息（而且几乎总是这样）。千真万确。**

他们经常利用意外的事情，并把意外视为上天赐给他们的的礼物（参阅下一章的"坏消息"）。接下来，让我们用几分钟的时间来了解为什么这是真实的，为什么困难可以是一件好事。

世界是如何运转的

本书从一开始就谈到，面对不确定性，行动胜于一切，包括思考。其中一个重要的理由是，你永远也无法确定你的想法和计划是否正确，除非你采取行动进行验证。你可能认为你知道市场会如何反应，或知道如何找到产品的顾客，或知道那些支持你公益想法的人是谁，但是在实际行动之前，你永远无法确定。

当然，这也意味着你在创业中所采取的每一步行动都有可能影响你原先设想的结局。

> **你应该将问题变成一个全新的机会，**
>
> **而不是从解决问题的角度进行思考。**

原因在于，你所采取的每一步行动都会使得现实情况发生变化（而思考是不会的）。你设想自己一天能够销售 100 个新产品，但实际结果可能是销售了 200 个（或 50 个）。于是你不得不停下来，思考这一行动的结果，琢磨从销售超出预期（或低于预期）中学到了些什么。你不再推测将会发生什么。你知道，现在自己要做的事情是必须找出这种情况意味着什么，以及接下来应该做什么。

如何从惊讶中获得灵感呢？如果惊讶带来的是惊喜，你会充分利用它。例如，你会认为世界上的每个人都喜欢你苹果手机的新配件。若情况的确如此，你获得了消费者的追捧。

▎帮助你思考▎

找一张 A4 白纸，在最上面写下你想要创造的东西。

首先，把纸张纵向折成 3 等份。

　　在左列中，列出你正面临的问题或障碍，也就是那些阻碍你实现自己愿望的事情。可能是一个也可能是多个。

　　然后，用 5 分钟的时间，找出尽可能多的解决这些问题的方法，并把它们写在中间一列。

　　做完这些之后，把你列出来的问题和想出来的解决方案展示给其他人看，请他或她帮助你完善这些方案。

　　最后，针对左列的问题采取不同的应对策略。你不再试图解决这些问题，而是假设它们根本无法解决。用 5 分钟的时间和你的朋友一起找出如何把当前的困境转变为一种资产或一个未被认知的机会的方法。把这些内容写在右列。

　　让我们觉得这个练习十分有趣的一个原因是卡通片中的霍默·辛普森（Homer Simpson）也会这样做 [1]。

　　在意识到自己已经走过了人生的一半旅程却依然还没有什么东西值得炫耀时，霍默受到了汤姆斯·爱迪生（Thomas Edison）的启发，打算成为一个伟大的发明家。由于他是霍默，几乎没有什么悬念，他的大部分发明都非常愚蠢。例如，一个当一切都正常时每三秒钟就会发声的喇叭，一支女性必须瞄准自己的脸才能够使用的化妆笔等。

　　但是在创造这些愚蠢发明的过程中，霍默无意中想出了一

---

[1]　《辛普森一家》(The Simpsons) 是美国福克斯广播公司出品的一部动画情景喜剧。该剧通过展现霍默·辛普森一家五口的生活，讽刺性地勾勒出居住在美国心脏地带的人们的生活方式。霍默·辛普森是辛普森一家中的父亲，在片中很少有聪明的时候。——译者注

个好主意。

在思考的过程中，霍默总想把背靠在椅子上，却总是人仰马翻。这种情况不断地重复。为了解决这个问题，他发明了一把带有两个铰链腿的椅子，使得它不会向后翻到。

如果霍默能够把问题转变成一个创新的解决方案，你应该相信，我们大家也都可以。

这时合乎逻辑的做法是扩大产出，增加分销商（甚至在全球范围），提高价格，以及设想为其他智能手机而不仅仅是苹果手机开发配件产品，例如黑莓手机。也许你的余生都将按照这个路径发展下去，也许有一天你会觉得不对劲，而有这种感觉可能需要很长的时间。你意识到自己不想再经营这样一家公司，想重新创业。到那时，你可能会出售自己的公司，然后开始寻找新的机会。情况总是在变化，有时的确会有成功的惊喜。万豪连锁酒店起源于纽约一家只有 9 张凳子的 A&W Root Beer 街边摊。时尚奢华的 Barney's 商店则起家于一个销售展示样品、零售店的库存货物及在拍卖会和破产清算中买来的处理货物的折扣店。

如果惊讶带来的不是惊喜而是沮丧，也就是说，行动结果与自己原先设想的不同时，你会把它视为一个困难或甚至是一次挫折，这时你应该想方设法地把这种劣势转化为自己的优势。

困难和挫折是让你获得优势的来源。

让我们想象一下，你设计的与手机相连的产品意外地干扰了手机信号的传输。用户投诉说手机会经常莫名其妙地掉线。你改变了设计，找到了消除这种情况的方法。改进的产品不仅性能更好，而且外观也更酷了。更好的消息是，一年后当一家大公司试图模仿你的产品时，它遇到了和你最初的错误相似的问题，陷入了尴尬的局面。突然间，你成了唯一一家能够生产外观又酷、功能又正常的手机配件的制造商。

问题 = 优势

行动中遇到困难并成功解决困难可以让你构建起阻碍竞争者进入的障碍，或至少在市场上获得一个领先地位。为什么？因为你行动了，而竞争者还没有。结果是，你知道了他们还不知道的事情。

当超豪华的四季酒店（Four Seasons）的创始人伊萨多·夏普（Isadore Sharp）开始创业时，他认为酒店的位置最重要。开始行动后，他才发现任何一家连锁酒店都抱有相同的想法。那是一个非常负面的惊讶。当每个人和你做的事情都相同时，你是不会有任何优势的。

在探讨解决这个问题的方法时，夏普无意中发现了让四季酒店拥有终极竞争优势的要素。他创造了两个独特的市场进入障碍，就像其个人自传《四季酒店：云端筑梦》（*Four Seasons：The Story of a Business Philosophy*）所解释的那样："我们酒店的一个看家本领是……它是世界上最大、最奢华的酒店集团，没有任何一家酒店可以和它的设施相媲美。"酒店的优势在于它可以在世界每个主要的大都市给频繁的旅行者一个奢侈的一站式购物体验。

酒店的另一个优势是它的员工："30 年前，我们就明确了我们顾客最期待的事情就是在离家期间也能够充满快乐和高效率。因此，我们制定了更高的服务标准来匹配我们超一流的设施。这个具有历史性的决策表明，提供一流服务是酒店盈利和具有竞争力最重要的决定因素。当这些最终被世界上各家酒店认可时，我们已经领先了很长的一段时间。"

夏普认为："位置不再是获得和维持顾客的最重要的因素，而是人。他们一起构成了我们保持竞争优势的双重进入障碍。"

正如我们所提到的，如果你和夏普一样把负面惊讶视为礼物，它最终可以成为你保持竞争优势的一个来源。夏普正视了自己遇到的问题，即原本认为可以构成竞争优势的位置因素已经不再重要了（其他人也可以在相同的位置建造酒店）。然后，他带着那个事实（他有极好的位置，但其他人也可以有），思考自己接下来应该怎么办。他的结论是：我们可以在那些极佳的地段提供优异的服务。正是那让他在市场上获得了一个领先的地位。

拥抱障碍

一切都是上天赐给你的礼物。好吧，也许并不是每一件事都可以这样想，但假设每一件事都是好事的确是一种好方法，它可以有效地帮助你应对创业中遇到的困难和惊讶。

不论是试图开始创业还是创造新的东西，为什么面对困难时你应该采取感激的态度呢？这是因为你将了解到人们喜欢和不喜欢你创意的原因是什么。你应该知道这些并且应该在你投入更多资源进行创业之前知道这些。

正如前面所讨论的那样，反馈将帮助你重新修订产品和服务的开发方向，或者把它转化为阻止竞争者进入的障碍。

从自以为是到惊讶再到新创意

还记得第三章中提到的艾洛特·戴利吗？

作为一位和弗雷德·罗杰一起共事制作《罗杰斯先生的邻居》节目的越南人，戴利相信，自己发现了巨大的商机：提供专业的支持服务给美国几千家小型私人基金会，绝大多数这些组织的运作都是随性和不规范的。

在谈到这件事情时，戴利告诉我们：

在开始创业之前，我想比较明智的做法是请教一些该领域的专业人士。从普林斯顿大学校长一职离任的罗伯特·戈欣（Robert Goheen）最近刚成为一家名为"贸易团体"（Trade

Group）慈善基金委员会的主席。我打电话向他介绍了我的想法。"放弃吧，"他回答说。

这是我得到的专家建议或鼓励。"对不起，您能否再说一遍，戈欣先生？"

"这些都是非常自满的人，"他解释道，"他们想要的只是恭维、奖章及精致的晚宴，还有以他们名字命名的建筑物。"

但对于帮助他们完善明显缺乏的战略，提升做事的效率，或简单地说，帮助他们获得更多赞助的事情呢？

"他们一点也不关心，"他回答道。"因为这件事情很容易。美国国税局（IRS）规定只能捐款给达到501（c）（3）条款的非营利组织，捐款金额不能超过个人总资产或所有投资收入减去合理管理费用后净收入的5%。这能有多难？"

为了证明戈欣的观点是错误的，戴利聘用了员工进行电话销售，但没有任何回应。实际上这比拒绝更糟糕。他拜访的每个人都非常友好，并答应会好好考虑他的建议，但就没有然后了。

最后，他意识到小型基金会对现在的运作方式感觉良好。随机和随性正好满足了它们的需求。戈欣是对的。

戴利需要的是把想法销售给对捐赠有或应该有问责机制的机构。理清了这个思路，他知道自己该怎么办了：找国内的大公司。

戴利回忆：

当概念被清晰地界定后，我开始拜访一家领袖型公司。我决定从当时美国最大的公司美国电话电报公司 AT&T（该公司在美国移动通信行业处于近乎垄断的地位，并拥有 100 多万名员工）的最高层管理者开始。我拜访了时任 AT&T 董事长和 CEO 的查理·布朗（Charlie Brown）[1]，他是我在普利斯顿网球俱乐部认识的朋友，查理把我介绍给了埃德（Ed）。埃德是 AT&T 公司负责大众广告、公共关系、公司慈善捐赠项目的副总。埃德和我约定在他纽约的俱乐部午餐碰面。

点好饮料之后，埃德直接进入正题："好的，戴利，你安排了这次见面。你有什么想法？"

"据我所知，埃德，你在 AT&T 公司负责大众广告、公共关系、公司慈善捐赠项目，对吗？"我回答道。

"是的。"

"好，"我继续道，"你有一家外部广告公司帮助管理你的广告业务，N. W. Ayer，对吗？"

"是的，已经快 100 年了。我们都欣赏这种长期关系。"

"你也有一家外部机构帮助管理 AT&T 公司的公关业务。"

"是的，同样也有长期的关系。那是一批非常杰出的人才。"

"好的，"我回应道，并直奔主题，"我们想要成为你们公司慈善捐赠项目的外部管理机构。"

困惑的表情在他的脸上转瞬即逝，慢慢向前倾斜的头部让我

---

[1]　20 世纪 80 年代美国 AT&T 董事长。在任时影响最大的决策是 1984 年自行分拆了公司业务，AT&T 保留了西电（设备制造部）和贝尔实验室（研发部）及当时最挣钱的长途电话业务。——译者注

无法继续看清他的面部表情。静默了一段时间后，他抬起头，明亮的眼睛盯着我，用肯定的语气说道："好的，你们被雇用了。"

后面事情就变得很简单了。接下来的几个月就是和公司其他人的一堆会议，但是基本原则已经在那次午餐中确定了下来。

一旦 AT&T 成了戴利的顾客，他发现与其他公司的合作就相对简单了。

如果你遇到了惊讶，情况也是如此。为什么你会惊讶？根据定义，你可能已经预测或期望了某些东西。这是好事！你行动并且获得了证据。的确，它不符合你原先期望的或想要的，但是，就像我们提到的，它依然能够让你领先于那些应用预测思维方式的人们。他们只是在预测，而不是行动。因此，他们手中没有任何证据。他们所拥有的只是他们想象的东西。相反，你知道一些他们还不知道的东西，那是一笔财富。一笔还有待验证的大财富。

坏消息

好吧，这不是惊讶，这是失望——它是指情况是如此糟糕，以至于任何理性的人都只好用"困难"这个词来描述它。绝大多数的人都会试图解决和摆脱它。如果能够这样那也挺好。问题解决了，然后，又出现又解决，从中你学到了一些其他人无从知晓的东西。

罗恩·萨米（Ron Sarni）和托德·桑德斯（Todd Saunders）

体会了所有大大小小的失望的含义。一开始他们确信自己盯上了一个大机会：他们准备创立一个移动餐车车队来服务波士顿地区。萨米解释说，唯一的问题是："我们很快就发现移动餐车在波士顿是被禁止的。我是说，它们是违法的。你不能经营移动餐车。因此，我们创业的第一个行动是要改变政府官员的心智模式和头脑。"

令人惊讶的是，他们做到了。毫无疑问，解决问题的核心是了解政治。移动餐车迎合的是 18—34 岁的人群。那么，可能支持波士顿市议会主席迈克尔·罗斯（Michael Ross）的最大选民群体是哪些人呢？正是这些 18—34 岁的人群。

但政府就是政府，他们也附带了相应的条款。其中一个是，每辆移动餐车的菜单至少要提供一种"健康食品"。那些参加萨米和桑德斯项目的人一起组建了移动餐车协会，来反对这条"专治独裁主义"的附加条款，但是萨米让他们用不同的视角来看待这个条款："这是好事。政府当局成了我们的焦点小组 [1]。政府受公众舆论的影响。因此，如果他们告诉我们需要提供健康的食品，那就是一个现成的焦点小组告诉我们大众真正需要什么。"

如果你不能解决当前面临的问题，试试这个：拥抱并接受

---

[1]　焦点小组是市场调研中一个非常实用和有效的定性调研方法。它从所要研究的目标市场中慎重选择 6~12 人（标准为 8 人组）组成一个小组，由一名经验丰富、训练有素的主持人以一种无结构的自然的形式与小组中被调查者进行交谈，从而获取被调查者对产品、服务、广告、品牌的感知及看法。——译者注

当前的情形吧。把它视为一个无法改变的限定条件并转化为一笔资产。对于那些无法改变的"事实"你该怎么办呢？也许它会为你打开一个新的机会之窗；也许你可以以某种竞争者（那些还未开始行动）无法想象的方式把它融入自己的产品和服务。不再是抵制和悲伤，你应该把它视为礼物，并转化为自己的优势，一种竞争者所没有的东西，一种可以阻碍新进入者进入的东西，即便是暂时的障碍。

你经常会看到这样的情景：有健康问题的人（如糖尿病）创业喜欢提供能够帮助那些受到相同疾病折磨的人的服务。伊冯·乔伊纳德（Yvon Chouinard）是一位攀岩爱好者，由于无法找到自己喜爱的装备，于是开始自己制作。他成了巴塔哥尼亚（Patagonia）品牌的创始人。伯尼·戈尔德堡（Bernie Goldhirsh）在 20 世纪 70 年代一直试图开办帆船运动杂志。他遇到了什么问题？初露头角的创业者很难获得足够的资源。于是，他创立了 Inc. 来帮助和他具有相同处境的人们。

要点是：在未知的世界，有效率的人会利用身边的资源开始行动，不论是什么资源。他们努力利用已有的所有资产。这就是为什么他们感谢诧异、障碍，甚至是失望。它们给予了他们更多可利用的信息和资源。

另一个要点是：情绪越低落，你看清现实的可能性就越低。因此，失望的状态会让你更有可能失去一个近在咫尺的机会。是的，你会失望。挺过去！拥抱现实，并带着你获得的礼物开始新的旅程。

循环往复

　　本章要传递的信息十分简单。如果你得到的是柠檬（或称为商业问题或障碍），那就制作柠檬水吧。

　　当下次遇到你预期之外的事情时，试试这种方法。不论情况是多么令人失望，但还是要对自己说："这真是一个好消息。"然后努力把它变成好事。创造性行动的核心是把意外转化为自己的优势。这意味着，你默认的立场应该是，每个困难都伴随着潜在的好处或令人满意的解决方案。

　　最后，让我们看看在第三章开始时提到的威胁。你应该了解自己面临的真实情景，包括问题等，从而重建创造的张力。这种张力只有在知道自己没有和想要之间存在缺口时才存在。这个缺口为你实现自己愿望的发明创造和行动提供了动力。

　　拥有愿望相对容易。你无法逃避自己想要的东西。但对现实的深刻理解是极具挑战的。人们总想知道自己身处何处，不论情况看起来是如何不妙，还是想要知道现实的状况。实现这个目的的最直接的方法是接受现实。让它成为你的朋友。如果你感到失望，继续前进。除此之外，没有任何方法可以让你快速地消除坏情绪或在你关心的事情上取得进展。

▶▶ 练习：把负债变成资产

　　找到解决你遇到的问题或让你为难的事情的方法并不容

易。其中一个原因在于你正试图解决当前的挑战。你是以一种限定的眼光来看待问题。正如爱因斯坦所观察到的那样，这样做的不足是"你采取了和导致问题产生相同的思维方式来解决问题。"

为了解决这个困境，请你和其他人坐在一起，描述你的问题，然后告诉他们："请告诉我可能让问题成为我的资产的5种方法。"

如果你这么做，并以开放的思维倾听他人的意见，结果可能出现三种情况，它们都是好事：

- 简单地解释问题也可能对你解决问题提供帮助。
- 你的朋友们也许会提出解决方案。
- 即使没有解决方法，但她的建议也可能激发你产生新的想法。

小 结

1. **如果你面临的是一个愉悦的惊喜**，例如，比预期更多的人喜欢你的创意，请径直按照现有的方向前进，而且你有可能还想要加速前进，以确保机会不会稍纵即逝。

2. **如果是不受欢迎的惊讶**，请你把它视为一件礼物并全身心地接受它。它为你带来了竞争对手所没有的新信息、新证据。如果可能，解决它。如果无法解决，想想它是否带来了新的机会，或把它视为一份财富（并把它融入自己的产品）。

3. **态度是关键**。如果你把每件事情，即使是意外的事情，都视为一件礼物，那它一定就是。

第六章
吸引他人加入

身边有一批能够帮助你实现愿望的人是一种极好的资源。这就是为什么你想把每个人都看成是潜在的顾客或合作伙伴。但是，如何让他人参与你的创意？一旦他们加入你又该做什么？

不管基于何种原因，那些不认可创造性行动思维的人会说："无非就是准备、瞄准、开火。"但正宗的总结应该是："瞄准、开火。"无需太多的准备。

在前五章我们强调，当你身处无法预知将要发生什么的情景，并且通过行动了解事情真相的成本较低时，你应当利用自己身边或能够收集到的资源快速"开火"（行动）。

我们已经看到连续创业家们通常很少花费大量的时间进行传统的市场研究。他们更倾向于通过直接访谈潜在的顾客来发现是否存在市场或顾客。这是让他们相信的唯一方式，并且和他们想让愿望成真的思路相一致。

连续创业家们自然也很少开展竞争分析。一项研究结果显示，74% 的调查者认为他们并不关心竞争者，或至少在他们明确自己的创意存在市场之前是不会考虑那些不相关的潜在竞争者的。

但他们承认在一个地方投入了大量的时间，而且他们鼓励那些创立一家新企业或创新的人们也这么做，那就是努力吸引尽可能多愿意承诺的人参与自己的行动。自愿和全身心投入的利益相关者加入你的创业行动是分散风险、验证自己想法、获得更多资源、让行动充满乐趣的一种有效方法。连续创业家们告诉萨阿斯瓦斯，他们相信约束自己公司未来增长潜力的，不是他们能够融到多少资金，而是能够吸引到多少合作伙伴。

由于吸引他人一起创业是如此的重要，因此花费一些篇幅来探讨这个问题是十分必要的。首先，我们将介绍接下来要讨论的事项的背景。其次，我们将提供一些被证明是有效的方法让你能够成功地吸引其他人入伙共事。

吸引承诺的人们参与的好处

直观地说，吸引他人和你一起行动的想法是有道理的，其独特的优势在于：

1. **获得更多的行动资源**。不仅和你一起工作的人更多了，而且他们带来了更多对行动有益的资源。

2. **分散风险**。如果其他人也提供了资源，你自己就可以少投入一些。

3. **更多的创造性**。老人说得对。当你遇到问题和挑战时，三个臭皮匠顶个诸葛亮。

4. **做事的信心更足**。除非认为你有一个具有潜在价值的想法，否则人们不会参加你的行动。

有形的交易

如果开始创业，你最关注的应该是销售。创业家们对这一点深信无疑。他们总想尽可能快地开始销售。也许只是一个产品的原型，甚至只是一个产品的名单。除非形势所迫，他们是不会等到产品完美后才开始销售的。

> 应用创造性行动思维的人们应当努力巩固自己行动的基础，而不是担心来自外部竞争者的威胁。应该怎样做呢？吸引那些具有相同价值观、愿意协作共建、能够帮助你完善愿景并敢于承诺的利益相关者。

即便你还没有开始创业，这也依然是一个好建议。例如，如果对社区中心有一个新的想法，在投入大量的时间和精力之前（理想的话，其他人也将和你一起努力），你一定希望知道自己能够获得哪些支持。越早进入市场（了解你的想法是否有

"顾客"，或其他人是否和你有相同的愿望），承担的成本和风险就可能越低。除此之外，潜在购买者（顾客或合资伙伴）在对你的想法表示赞同的同时，也证实了你行动的正确性。这将提升你的自信心和与他人交往时的可信度，这正是我们在第五章中提到的创业资源之一。因为你在思考创造某些新东西的时候，你想了解自己的资源存量。吸引自我承诺[1]的利益相关者显然属于"我认识谁"的范畴；这是增加你拥有的资源的另一种方法。

大多数人的抱负远大于手中所拥有的资源。吸引自我承诺的利益相关者参与，就是在整合利用其他资源。这些人拥有的知识网络和资源可以成为你的资源。这不是一件小事，因为很少的人可以在一开始就拥有创造新事物所需的所有资金和能力。

▎创业团队 ▎

许多创业家和学者们与我们分享了他们"投资者赌的是骑师，而不是马"，以及"创意多到不值钱"的看法。对于许多

---

[1] 对承诺（commitment）的最好理解是马丁娜·纳夫拉蒂洛娃(Martina Navratilova)曾经说过的一句话"The difference between involvement and commitment is like ham and eggs. The chicken is involved; the pig is committed"（参与和承诺的差别就像火腿和煎蛋。鸡是参与，猪是承诺）。也就是说，鸡是以其生的蛋来参与早餐的，而猪是割下自己的腿肉做出贡献的。二者显然不同。纳夫拉蒂洛娃是捷克裔美籍网球选手，曾赢得九次温布尔登网球锦标赛、四次美国网球公开赛、三次澳洲网球公开赛，以及两次法国网球公开赛冠军。——译者注

人而言，团队远比创意更重要，投资者尤其是创业初期的投资者对团队质量的关注程度远胜过一个假设是好想法的创意。原因很简单，创意在创业过程中常常被改变。

与大众的想法不同，许多大公司创立时是先有一个伟大的团队而不是先有一个特别的想法。

当然，有些人宁愿选择独自创业。我们的一位在建筑行业的朋友是从一个房屋框架工人开始创业的，然后靠自身努力发展到现在可以同时建造 6 间房屋的承包商。他是百万富翁，持有公司 100% 的股权。由于资金均来自自己，公司花了很长时间才发展到今天的规模。他在获得公司 100% 利润的同时也承担了 100% 的风险。但大多数人与他不同。我们认识的绝大部分成功创业家们在创业初期就会吸引他人加入。百森商学院的一项研究发现，只有极少数的创业是一人独自完成的。

共同创造

承诺的利益相关者加入团队的时间越早，他们就越有机会帮助你改变最初的想法。他们最终可能不再是合作者，而是新创企业的股东。这样他们就成了名副其实的共同创造者。初始的愿景开始分享、然后扩散，最终成了"我们的"而不再是你个人的愿景。

随着公司规模的扩大，你开始和新进的员工进行谈判和交易（这并不是一件坏事，他们聪明并有好点子），"我们"逐渐替代了"我"。"我们想要这样做"而不是"这是我想要做的"。

因为多了这些人，你将要经历的创业过程会更像前面所述的情景。当你有了这些承诺的利益相关者——真实投入金钱和其他资源，不是仅仅提供建议和观点的人——加入时，你应该接受他们的投入和建议，而不是顾及其他那些还不确定是否加入的利益相关者的看法。换言之，是今天正在创业的人们决定了创业的进程。情况是这样的，也许有些人会在稍后加入创业，但由于你们已经采取了相关行动，因而产品、服务或创意对他们可能不再具有吸引力，他们可能选择不再加入。顺其自然吧。你是活在当下的。

顾客也可以是共同创造者

尽管我们大多数人都不会这么想，但顾客的确影响了我们的创意。他们可能会要求新的性能（"是否可以让它和我的笔记本电脑同步？"）或特定性能（"如果它有一个 Y 的话，我想我会购买的"）。但是，最终决定是否考虑顾客想法的人是你。

举个例子，梅琳达（Melinda）辞职回家照看家庭已有几年的时间，有一天她在烧烤聚会上遇到了美国家居用品协会副主席杰夫先生（Jeff）。杰夫最近对定量分析十分入迷，这是一个新的领域，其中包括衡量公司在广告投入上的回报率。

梅琳达聊道，"杰夫，作为硕士研究项目的一部分，我曾经建造了一个能够追踪眼球移动轨迹的简单扫描仪。它可以在毫微秒（十亿分之一秒）级别测量人们花费多少时间阅读一个信息——例如一个广告，以及他们关注每个词和短句的程度。如果我建造这样一个设备来评价广告效果，你会购买吗?"

杰夫的回答是，"当然，"然后他提供了一位公司最优秀的研发人员加入这个项目的研究。梅琳达联系了过去实验室的同伴马特（Matt），一个星期后他们造出了原型机。杰夫显得有点兴奋，他购买了10台设备供公司营销部门进一步测试，并表示如果情况良好，公司会继续购买100多台。几个星期后，梅琳达交付了测试机，并问杰夫是否还有其他公司可能对机器感兴趣。杰夫把她介绍给了莫尔（Mal）和丹尼斯（Denise）。

莫尔也对设备表现出了浓厚的兴趣，但他要求眼球扫描仪必须能够通过USB端口连接笔记本以便现场研究。在得到梅琳达和马特的肯定回答后，莫尔订了20台设备。

丹尼斯也喜欢这个设备，但希望设备同时也能够测量脉搏和心率（用于测量广告的情感影响）。

梅琳达回应道，"那只是要求我们增加一些现成的监测感应器，这很容易。"她又获得了20台订单。丹尼斯开设的专门销售实验性产品的商店还有闲置的空间，于是，她和梅琳达达成了一个协议，丹尼斯得到20台增强版设备，作为交换，梅琳达将为丹尼斯生产顾客需要的其他特定产品。莫尔和丹尼斯同时给梅琳达介绍了更多的人。

这个过程还在继续。当然不是每个被介绍的人都会成为顾客。梅琳达以满足顾客不同需求的方式获得了更多的订单。有些顾客要求增加性能，如果梅琳达相信自己能够做到并且也认可增加这一性能，她就会确认该订单。如果技术或财务方面不可行、性能表现与原先产品差异过大或与公司愿景不符，她就会拒绝该订单。即便如此，还有一些人表示如果扫描仪具有某些性能，他们就会考虑。梅琳达对自己从这些人身上学到的东西心存感激，与此同时，她对没有购买意愿的顾客并不太关注。

梅琳达和马特生产出原型机不久，公司就有了4种"生物计量"产品。销售在猛增。

显然，那些参与行动的人会应用他们自己了解的可承受的损失来决定自己准备在你的创业中承担多大的风险。你必须记住这一点。极有可能发生的情况是这样的，他们可能会给公司带来不少的资源（金钱、时间、合同等），但他们投入的数量远小于你自己的。和你一样，他们愿意贡献多少取决于他们想要什么及可承受的损失，你的创业也许并不是他们生活中最重要的事情。

> 与其他对创业做出承诺的人进行互动将使你产生新的方法甚至在某些情况下产生新的目标。
>
> 随着你不断增加自我选择的利益相关者，这个过程会不断地重复直到某个临界点，即在技术或财务方面，新顾客的需求把你的产品延伸得太远了，或你不想再做任何改变了。

太多的利益相关者参与其中会是一个问题吗？当然。如果有钱，他们可能会把你带到一个你不想要的方向（"我知道你想做 X，但是如果你同意修改 X，我将提供资金"）。如同管理一群猫一样，所有这些不同的声音、想法及个性都有可能让你在创业过程中无从下手。你要么学会管理这种情景——有许多这方面的管理书籍——要么放弃。

充分运用利益相关者

为了让你充分运用新增的承诺型利益相关者，记住以下几点：

- **每个人必须把重点放在当前的现实上。**你当前的目标是必须让下一步的明智行动有益于自己当前想要做的事情，而不是把重点放在预测可能会发生什么上面。

- **每个人都是潜在的利益相关者直到证实事实并非如此，**但是只能让承诺的人影响结果。其他人仅仅是表达他们的看法。

- **每个人承诺的程度取决于他或她想要什么和可承受的损失，**而不是为达到目标需要付出的部分。如果有些人承诺投入 1,000 美元来帮助你，但你需要 5,000 美元，这时，你不能威逼他再额外提供 4,000 美元。而是应该想想其他办法。其他人可承受的损失与你自己的是不一样的。认识到这一点后再继续行动。

- **随着越来越多的承诺，**目标会逐渐受到约束并固化到一个平衡点，即新的成员或多或少地必须接受它。在这个时候，不大可能对现有产品、服务、创意进行大的改变了。

无形的交易

现在，吸引更多的自愿承诺型利益相关者的想法可能深深地打动了你，接下来我们把关注的焦点转向如何获得他人的承诺。为了做到这一点，我们先探讨一些与销售相关而且会经常把它和销售混为一谈并导致困惑的概念。那就是"加入"（Enrollment）。

加入不是指你找到某些人，做你想要他们做的事情。而是提供机会，让他们做他们自己想要做的事情。在这种情况下，他们会和你一起努力。你不需要说服他们。实际上是他们说服他们自己，从而让他们有机会成为你团队的一员。一般而言，承诺（加入）项目的人越多，你的优势就越大，即便他们中没有一个人会成为你想要创造的产品或服务的潜在购买者或用户。

加入发生的过程十分简单明了。

步骤 1：自己全身心地加入

如果自己缺乏承诺，你就别期望获得他人的承诺。你一定**想**让自己的想法付诸实践。万事开头难，即使你做出了承诺。但如果缺乏承诺，你面临的困难将会成倍增加。如果你没有全身心加入，其他人是可以感知到的。他们会认为，你对创意并不感到兴奋或并没有真正承诺要把它付诸实践。一旦有那样的感觉，他们一定会问，"如果他 / 她都没有全身心地投入，那我为什么要那样做呢？"

　　如果在吸引其他人加入时自己却没有完全加入，那你就只是在销售，而且你很有可能会把这件事情搞砸。就像我们将要看到的那样，销售和加入是不同的。

步骤 2. 诚实

　　好，你对创意是全身心地承诺。现在你想让更多的人加入。下一步该做什么呢？你要开始和任何人谈及自己想要做的事情，展示自己的天才和坦诚。你需要告诉他们所有的细节；不仅告诉他们自己所知道的正面和负面信息，而且还要想方设法地告诉他们为什么创意对自己是如此重要。如果是因为你想成为富翁，也告诉他们。如果最终目标是想让世界的一小部分变得更加美好，告诉他们。记住，让人们加入行动的一个结果是长期关系的形成，这是一种能够建立信任和合作行动的第一个也是最重要的可靠关系。如果直率坦诚，你就有可能构建起这种有价值的关系。

　　你希望人们加入你的行动并被激发行动的欲望。这么做的第一个行动是让他们分享对你创意的看法。如果你坦诚地告诉人们，为什么创意对你来说那么重要，那么很自然，你想要知道那些让你感到兴奋的东西是否可以引起共鸣，你想要知道它是否对他们也有价值。总之，你想获得反馈。

　　如果反馈是负面的，或不是你希望的，那也没关系。那不过是意味着你走进了一个死胡同（就吸引这个人加入的过程而言）。这种情况越早知道越好。你不想的是，当现实清晰地表明自己的想法对他们没有任何意义时，还在继续等待他们的加入。

相反，当面临销售压力时，你将需要把销售任务放在首位，你希望潜在顾客在购买的同时还成为加入者。最优秀的销售员是诚实的，但那只是一种功能性的诚实。他们对自己的产品和服务是诚实的，但他们的重点是突出正面信息，尤其是产品（或服务）在财务方面的优势，以及如何较好地满足了顾客的需求。如果提及不足部分，他们会在最小化不足的同时还想办法以尽可能好的方式来展示它们。

但是，想要吸引人们加入，你对自己的抱负和价值观必须诚挚且深切才行。它不能是功能性的或财务性的。人们愿意和你一起，除了愿景可能还有其他东西吸引着他们。这就是为什么你要把真相告诉他们。即使这样，他们还仅仅是可能会加入你的行动。事情就是这样。你也没有其他方法。行动时，你会不由自主地试图操控进程，并开始销售自己的愿景。那些被推销的人们很容易一眼看穿你的意图。当你试图让他们做某些事情时，他们马上就会察觉，即使事情也符合他们的利益。因此，当寻求对你的事业真正承诺的人时，推销的方式是不可取的。是他们自己决定想要加入，或者不想加入。

假设正与你交谈的人非常兴奋。很好，这是一件好事，但这还只是整个过程的一部分。是的，她可能为你感到高兴。她的高兴可能源于你发现了对**你**而言是正确的事。但这并不意味着她准备加入你的行动。只有当你谈论的东西和**她的**愿望相关联时，她才可能加入。你谈论的东西和她所看重的东西联系越深，她鼎力相助的可能性就越大。而且，如果幸运的话，这种情况还会经常发生。当这种情况确实发生时，你们之间终将谈论到那些对你们而言最重要的东西。到那时，你的愿景会变得更加清晰，而且实际上变成了（即使是很小的部分）**我们**的愿景（了解一个组织如何管理加入过程，参阅下文"招收信徒"的案例）。

▌招收信徒▌

或许没有一个组织管理招收过程要比位于伊利诺伊州的威洛希腊社区教堂做得更好了。每个周末，有 23,000 人前来参加它组织的 3 场礼拜之一。

这个教堂是如何做到这么大的呢？一切源于教堂相信，信仰只有当你在使命层面吸引他人的时候才会改变。加入的第一步是和那些你想要吸引加入的人形成可靠的关系。

你一般不会通过赠送某人一带录像或邀请他/她浏览你的网站或阅读你写的书籍来打造这种可靠的关系。因此从一开始，教堂就否决了通过电子信息或写信等手段来吸引人们加入的方法。人们通过与关心他/她的人之间形成可靠的关系来加入教堂——这个人必须是自己真心加入——也就是说，他/她必须已经是威洛希腊社区教堂的成员。

建立关系的第一步通常与教堂无关（劝服是销售，而教堂不是为了获取顾客，它要的是让人们认同其使命）。作为一个教会成员，你可以成为某些人的朋友。如果你谈论宗教问题，应该表现得像朋友聊天一样，当你聊到自己的信仰，新朋友对此表现出兴趣时，你就可以邀请他参加一次教堂的活动，那是一次愉快的款待。活动在一个像是剧场一样的地方举行，大约1个小时的时间，有音乐，布道也非常实在，不涉及良心自责。

你的朋友可能会参加一两次这样的活动。如果的确如此，你将给他足够的时间和空间来思考自己是否喜欢这个教堂。如果他最后认为"这个不适合我"，你就会停止这个招募过程（这和一个创业者被他正试图吸引加入的人所拒绝的情景没有什么差别）。朋友依旧，而你则开始寻找其他可能想加入教堂的人。

如果你的朋友对加入教堂表现出兴趣，你会邀请他进入第二步，也就是周三的礼拜，这时有圣经教导和圣礼仪式。如果他表示出兴趣，这种活动就会继续。

这一过程都没有销售的痕迹。人们自己决定是加入还是放弃。

现在尽管威洛希腊社区教堂是一个巨大的教堂，但新人加入的过程和小教堂没有区别，和其他活动吸引他人加入的过程也没有区别。由于我们是以教堂为例来介绍，最后，我们也以另外一个以教堂为背景的故事来结束这个讨论。

我们的朋友杰西·斯通（Jessie Stone）在教会主日学校任职，偶尔也给客人布道，最后他因被委任圣职而离开了学校。当他在俄克拉荷马州家乡的几个教堂担任牧师时，却从来没有回家的感觉。他并未完全地加入。

斯通最喜欢教堂的演唱。他既喜欢经典的圣歌，也喜欢新潮的歌曲，甚至自己动笔写了一些新圣歌。他对全演唱的礼拜方式很是着迷。

一天，他决定这样做。他邀请了一些教区居民，问道"嘿，你是否对教堂用 95% 的时间以唱歌的方式来做礼拜感兴趣?"，并邀请他们参加周四晚上的歌唱礼拜。

"听起来不错，"一少部分居民回答说，"算上我们。"

他们在一起唱了一个多小时。下一周他们又在一起唱歌，并多了一些人加入。斯通第一次感到了充实，每次都积极参加歌唱的人们也发现了一些与自己产生共鸣的东西。

一年过去了。斯通有了自己的小教堂（一位教区居民在城里拥有的一家闲置的商店）。每周有 30 个人参加礼拜，另外还有 2000 人通过互联网进行收听。歌唱时间共 35 分钟。斯通先布道 10 分钟，然后歌唱 30 分钟左右。之后，人们聚在一起欣赏彼此的表演并分享斯通布道的内容。

加入过程的多种角色

很显然，人们加入你的行动时有多种不同的参与方式。是的，他们可能会全力以赴地加入你的创业，并把它视为自己生活中最重要的事情。相反，他们也可能仅仅是偶尔参与片刻，或介于二者之间。

是否想找到一些相似的情景？想想竞选的过程。有些人仅仅是在草坪前为自己喜爱的候选人树个标语；有些人是帮忙装填信封；而有些更投入的人则是挨家挨户地宣传，或花时间在当地的竞选机构担任志愿者。

你需要并应该欢迎每个人，因为他／她的加入会帮助你宣传你正在努力做的事情。

步骤 3. 提供行动的机会

一个完整的加入过程应该让那些有意加入的人立即开始行动，也就是提供一些真正的事情让他们完成，不论大小。不可以是开放式的承诺，例如"我会跟你联系"。那和思考一样，不是行动。就像我们说过的，加入过程可以有多种角色，你可以让他们做大的事情或小的事情，这取决于他们的需求和你自己的需求。但是，立即提供一个行动对你和他们而言都是有益的，因为你们可以一起行动。当这样的行动发生时，你就可以确信，加入已经真正地发生了。

销售和加入的区别（你需要二者）

如果你在销售，那就是劝说、说服、影响、动摇——不论你用什么词汇——某个人做你想要他做的事情。你想让某个人购买你的东西。

消息扩散

这个事项隐含在我们至今所说的所有内容中，值得我们给予关注。

如果你在进行"销售"，你正努力完成某些事情的消息可能会（也可能不会）扩散到你顾客之外的其他人那里。如果你的那位顾客特别兴奋的话，她可能会进一步告知另外一个人或其他更多的人，但也可能不会这么做。

如果有人加入，有关你的信息几乎肯定会被广为扩散。它就像把一颗石子扔进湖中扰动平静的湖水一样。加入的人会告诉尽可能多的人，从而会有更多的人加入，然后他们又尽可能地告诉其他更多的人，情况就是这样。

诚实销售是一种值得尊敬的职业精神。优秀的推销员可以让你的购物过程变得更加轻松。但即使一个优秀的推销员想让你感到快乐，她的最终目的还是让你做她想要你做的事情——购买。她的目标是实现销售，一项真实的交易（用她的物品或服务换取你的金钱）。

相反，有人愿意加入，那是因为你激励了他采取有利于他想要做的事情的行动。这是一种无形的交易。你无法购买任何人的承诺。你可以购买他的产品，他也可以购买你的产品（然后以一种可以理解的方式不断重复），但你无法购买承诺。他之所以愿意和你一起努力，是因为他被你的梦想所感染，从而想要加入你的行动。加入的本质是你的努力也成了他的努力（销售和加入的区别参阅表 6-1）。

表6-1　销售和加入的区别		
	销售	**加入**
本质	商业交换，例如交易真实的东西	情感或精神层面的交换，与交换礼物非常相似
过程	销售或说服	鼓舞或分享
工具	成本—收益分析	交谈
另一方是谁	他们可能是也可能不是顾客	每个人
他人支持你的愿望	可能很小或没有	核心要点
传播，例如，最初的邂逅导致了什么发生？	可能什么都没有发生，可能是一次性交易	广泛的，加入的人会大力宣传

加入和销售有着本质的区别。终极而言，这两个你都想要。没有加入的销售，产生的是顾客。这是件好事，但也可能失去一个机会（顾客可能会传播有关你的信息）。只有加入而没有销售，产生的是形象特使。那也不错。但你为何不同时"获得他们的订单"呢？最完美的是既有加入又有销售。

举个例子，它是关于在线购物频道 QVC 的一个虚拟故事，想象一位精英电视推销员正尝试着向你推销商品[1]。

---

[1]　美国 QVC 公司成立于 1986 年，是全球最大的电视与网络的百货零售商。

推销员并不是照本宣科，因为频道要让推销显得尽可能地友好和可信。在准备时，频道让推销员在一个房间的场景中推销商品；他们事先得到了目标顾客的人口统计信息，然后被要求想出一个推销的方法。毫无疑问，最有成效的推销员之一是前高中西班牙语教师凯西（Kathy）。她销售电脑的实例有助于阐述我们的观点。

QVC 第一次销售电脑的尝试以惨败而告终。就像其他人一样，它努力以性能为卖点来推销电脑，如比特、字节、存储，等等。除非人们完全了解电脑是如何工作的，否则没有人会愿意基于这些参数来购买 2,100 美元的机器。现实的情况是，大多数人不了解甚至到现在也还不知道电脑的工作原理。

凯西采取了与众不同的方法。一开始，她走进了一间带有密封盒子布景的房间。她介绍说，盒子里面的东西就是你下订单购买的电脑。她或多或少地提到，我是你的朋友凯西，在接下来的半个小时，我将为你解释为何我认为这台电脑是你一生中最值得拥有的东西之一。

当她开始介绍时，一个男人走进了房间，开始把电脑从箱子里取出。她介绍说，在我们聊天的时候，史蒂夫（Steve）将把电脑组装好，你会看到，电脑安装和开机过程最困难的事情是把各个部件组装在一起。

接着，凯西开始介绍产品。她首先从自己完全不知道电脑开始。但是她知道，如果有一台电脑你就可以完全与一个新世界联系在一起（顺便提一下，你将看到，在确定可承受的损失和帮助人们快速行动方面，凯西同样是一位大师）。

凯西完美地控制着时间。她介绍电脑可以做什么，然后每次都会停一会儿和史蒂夫交谈并强调安装电脑是多么简单的一件事。在27分钟的时候，电脑已经启动好，镜头聚焦在电脑屏幕上，这时你可以看到凯西正在访问的QVC网站。

凯西的观众会说，"哇，凯西刚才做到了。我也可以这样做。"在接下来的半个小时，凯西只是简单地回顾她做的事情，1个小时的时间结束时，QVC已经销售了价值几百万美元的电脑，并且几乎没有退货。这几百万美元的销售只是简单地通过创造可信赖的基本关系加上一些销售技巧实现的。凯西的确让人觉得是可信赖的。她谈到了自己是个新手，并且她把每个过程都展示给了观众。

≫ 练习：招收人员

重新写下你的愿望，想象它已经完全实现和成功。它看上去感觉像什么？

举个例子，你的愿望是举办一次聚会。这时，你的描述可能是这样的：晚会结束了。所有的客人都笑得既兴奋又疲惫，相互之间的关系变得更加亲密了。有些人已经迫不及待地开始筹划下一次的聚会。

把你想做的事情告诉一个朋友或其他人，但大部分的时间应该用来描述如果你的愿望实现的话情景会是怎样的。然后询问："你是否有帮忙的想法？是否想让这件事情变得更好？你认识的谁可以帮忙或做些贡献？"

小　结

1. **加入是获得人们的支持**，并且他们因与你相伴而感到兴奋。它是自愿的，是个人承诺的。

2. **销售**是让其他人做你希望他或她做的事。

3. **你想要的是二者**。没有加入的销售，产生的是顾客，很好。没有销售的加入，产生的是那些能够正面谈论你想要做的那些事情的人，这样也很好。但是如果你二者兼得，如同QVC公司的凯西一样，那就是一个了不起的成就。

Part Three

第三篇

现实生活中的应用

How This Works in the Real World

第七章

用连续的眼光观察未来
——何时应用预测思维和创造性行动思维

以可知和不可知的方式观察未来，你就可以决定是应用预测思维还是创造性行动思维。

"我怎样才能知道何时应该使用创造性行动思维而不是预测思维？"如果回答这个问题需要收费 5 美分，我们或许就有了一份很好的第二职业。而这个问题直达本书的核心。

我们的回答从介绍"可知性连续体"两端开始（参阅图7-1）。科学的进步就是把事情从不可知（"上帝干的"）变成可知（"细菌感染造成的"）。因此，可知和不可知就是我们讨论的两个端点。

在连续体可知的一端是完全可预测的事情，例如由物理学规律所决定的事情。地面上的一颗小石头除非有外力（你的脚）作用于它（你把它从路上踢开），否则它是不会移动的。或在杠杆上，如果你把一个 30 磅重的两岁小孩放在跷跷板的一端，另一端是他 180 磅重的父亲，翘起的是小孩而不是父亲。这样的结果是肯定的。

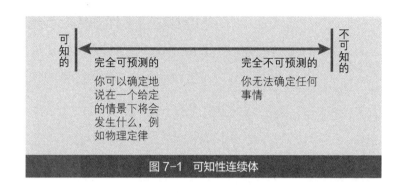

图7-1 可知性连续体

预测思维是这种情境下的理性选择，做任何其他事情或其他决定都是愚蠢的（那颗小石头是不会自己移动的）。借用我们最喜爱的一位哲学家戴蒙·鲁尼恩（Damon Runyon）的话，音乐剧《红男绿女》（Guys and Dolls）改编自他写的小说："跑得快的不一定总赢，强者也不一定常胜，但那样猜测就是打赌的诀窍。"

连续体的另一端是不可知和完全不可预测的。过去和未来均无法帮助你。问你一个问题：下周二上午九点钟，你脑海中是否会涌现出一个将改变你事业的绝妙想法？为了确定这种情况是否会发生，预测并没有太大的用途，应用预测思维显然也不合逻辑。虽然这种情况有可能发生，但没有人知道它是否会发生。

在"完全不确定"的情况下，你的最佳战略是采取聪明的行动和根据已有的资源做你能做的事情。最佳的描述就是创造性行动。尽管行动的结果可能是完全不可预测的，但这是仅有的合乎逻辑的选择。

　　从完全可知到完全不可知要经过几个阶段。在完全确定和完全可预测之后，是通过概率来预测情景的（参阅图7-2）。你知道永远无法通过投掷6面骰子来得到7点，因为那个数字根本不存在。即使你投掷再多次，每一面出现的机会相同的情景也很少见。从掷骰子中，你学到了一样重要的东西：随机！

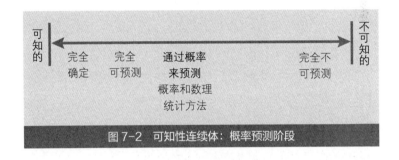

图7-2　可知性连续体：概率预测阶段

　　面对一个概率事件，你能做的事情就是想办法把你的预测结果向左移动一些，使它尽可能地接近"完全确定"。也许你可以通过付费（少许）购买信息，来确定自己正盘算的想法是否值得追求。如果更多的信息没有让预测结果向左移动，至少你也从中学到了一些重要的东西。知道自己无法接近一个更容易预测的现实和自己可以有效地进行预测是同等重要的。你肯定无法单纯地通过思考来获得这个知识。

　　例如，你想制作一个简单的APP，只要按个按钮，它就可以告诉正在点菜的人们，菜单上的菜肴是否健康。你相信它存在一个市场机会。简单的市场测试告诉你，可以创造这样一个

APP，但只有很少的人会去下载，因为顾客知道什么食物对自己是好的或坏的。而且，当人们外出吃饭时，他们常常更倾向于"我就错这一回"的想法。

在一些场合，你还可以应用其他更先进的预测方法。例如，天气预报就采用了混沌理论和计算机模型。然而，尽管这些工具还不够完美——就像那些意外遭遇美国中西部地区暴雪的人们告诉你的那样——但是过往的历史让我们可以做一些预测。这就像人们预测 4 月的芝加哥是可能下雪的，因为过去发生过，但是还没有 7 月下雪的记录。

相似的情况也经常出现。例如保险，海量数据告诉我们，某些特定地区在过去曾经多次遭遇洪水。还有保险精算，认为人的死亡有一定的模式。如果需要解决这样的问题，你可以应用预测思维的分析方法进行预测（参阅图 7–3）。

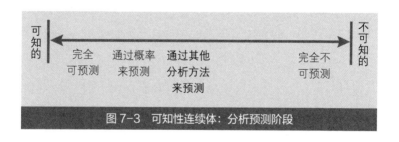

图 7–3 可知性连续体：分析预测阶段

如果你都不处在这些情景中，行动就是合乎情理的，因为行动的成本很低。当然，你也可以学习如何做分析或付费给那些帮你做分析的人，但这样做在金钱和时间方面的代价可能不菲。

在一个概率性的场景中，例如，"在美国新英格兰地区，大多数人都是波士顿红袜棒球队（Red Sox）的球迷。不知道把手工编织的红袜队保温杯罩销售给他们是否可行？"你的策略很简单，就是计算可能性。而且，不要让通过概率来预测的费用超过预期的回报或你认可的价值，并确信在出现有利于自己的可能性结果时，你还有足够的资金可以让自己继续创业。

具体的运作过程是这样的：

步骤 1. 这个创意可行的机会有多大？（问题的回答会影响步骤 2。）

步骤 2. 如果认为这个创意获胜的可能性不大——也就是说不知道手工编织的红袜队保温杯罩是否是个好主意——你可能就不想投入太多来进行预测了。但是，因为自己曾经看到过红袜队球迷狂热地购买任何与红袜队相关的产品，你愿意增加一些投入来试试看。

步骤 3. 但是你也不想增加太多的投入。你想让自己的创业能够继续，为了让统计分析的结果有利于行动，这意味着你还需对你的创意进行反复地打磨。（或者是手工编织的啤酒罐保温套？）为什么？通常情况下，你花的心思越多，从长期来看成功的可能性就越大，但前提是你必须生存得足够久，从而在分析的可能性结果最终支持你想法的时候，你还可以继续创业。这就像在赌场赌博一样，除非最后你手上还留有一些筹码，否则你就不该去赌场。

继 续

沿着连续体继续向前一步的情景是可能被预测的。但为了进行预测，你必须先采取**行动**。在这个阶段，行动成为预测思维的前提条件。

举个例子。假设我们给你一个不透明的罐子，罐子里面装有数量不明且每一面都刻有不同点数的骰子，然后让你来猜罐子里面骰子的总点数是多少。预测性的数学工具对你的帮助不会太大。当然，你知道一定是正数，数字也不可能太大，除非每一面都很小，以致骰子可以有 20 个面。但这已远超出预测思维所能够提供帮助的范围。

获得正确结果唯一可靠的方法就是行动，一种成本足够低的行动。在这个例子中也是这样。行动的第一步是把骰子倒出来，获得尽可能多的新知识。例如，现在你可以估计骰子的数量。（当然，新知识不一定会提供完整的情况。）即使我们不让你统计骰子的数量和类型，但行动得越多——例如倒出骰子 10 多次——你知道得也就越多。这时，关于骰子总点数的模式会逐渐形成，从而让你能够更好地预测未来的结果。（"让我看看，我把盒子里面的骰子不断地倒进倒出，看到大多数的骰子都是 6 面的。我猜大约共有 150 个骰子。这意味着各面点数之和在 150—900 之间。为了对冲押注数，我判断盒子里面的骰子共有 200 个。这样，最终各面点数之和应该在 200—1200 之间。几次尝试都显示点数没有出现都是 1 或都是 6 的分布；这说明结果是相当随机的，骰子出现的点数之和在 600~700 之间的组合要多于结果是 200 或 1200 的组合。这表明我赌总点数是 650 要比 200 可信得多，因此我决定赌这个点数。"）

请注意，在这样的场景中，你的策略必须包含某种程度的行动，至少是获得一些证据从而能够让你从中学到一些知识和更好地进行预测。

向不可知迈进

沿着连续体继续向右是无法事先进行分析推断和预测的情景。尽管不确定是如何做到的，但你还可以进行相当不错的预测。

事实证明，人类的头脑经常可以察觉到这种预测模式，但靠的是经验。你以某种方式处理信息，可能你自己都不清楚那是怎样做到的。你是基于自觉、本能、经验做出的决策。在这种情况下，几乎没有什么学校教育或研究成果可以帮助你。恰恰相反，通常情况下，你研究得越多，预测的结果反而越差。在这种情景中（如运动、骑自行车、即兴创作音乐等），过度思考反而有损预测的结果，但重复的行动却可以让你表现得更好。这里面有一些潜在的规则、原则或模式。也许无法把它表述清楚（你对那些感到惊讶的人们解释说，你得到正确的结果是基于本能而采取行动的），但你还是找到了一种能够预测结果的方法，尽管无法写出这个"秘籍"（参阅图 7-4）。

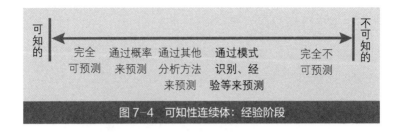

图7-4 可知性连续体：经验阶段

　　相应的例子不计其数。一位著名的网球教练开发出了一种能力，它能够在对方第二发球击球之前准确地预测出球的落点是在界内还是界外。但他无法告诉你他是怎样做到的，进行录像研究的人们也搞不清楚。然而，他这种超能力已经被证实；重复试验的结果显示，他判断的准确率离奇得高。另一个例子是，尽管现代数学也无法可靠地预测如何才能准确地击打一个投掷过来的威浮棒球[1]，但一个 6 岁的孩子却可以用一个球棒稳稳地击中它。

我们的建议？

　　那么，应该什么时候应用预测思维和创造性行动思维呢？

- **当情景可预测时，就预测。**当你可以成功地进行预测时，选择采取行动是对资源的浪费。除非成本很低，否

---

[1]　威浮球 (Wiffle Ball) 是一种规则和传统棒球非常相似的运动，1953 年由美国人戴维·N. 马拉尼（David N. Mullany）发明。与传统棒球不同的是，球上有各种孔洞，借助空气摩擦的力量，球在飞行过程中会做出各种诡异的曲线变化，使得普通人也能投出魅力十足的变化球。

则行动就是不明智的决策。

- **越是不可预测的情景，使用预测思维方式就越不合理**，就越应该用创造性行动思维（明智的行动）。简单地说，明智的行动就是为获得自己想要知道的东西，该如何降低自己愿意承担的行动（试验）成本。

- **情景越是不可预测**，你为得到相同结果而采取行动所愿意承担的损失也就越小（参阅第四章）。解释是：如果猜对可以赢 1 美元的话，你可能最多只愿意用 0.49 美元参加抛硬币猜正反的游戏。你还应该确保自己钱包里还有一点钱，从而可以让你坚持到可能需要几轮之后才会出现的收益大于成本的情况出现。如果猜对掷骰子出现的点数可以赢 1 美元的话，你也许最多只愿意支付 0.16 美元来玩掷六面骰子的游戏。如果你参加我们先前介绍的猜罐子里面骰子点数的游戏的话，你愿意支付的钱会更少。

- **愿望影响了愿意承担的损失的大小**。越想要某个东西，或者对想知道的东西越好奇，你为达到目的而采取行动所愿意承担的损失就越大。这是显而易见的（参阅图 7–5）。

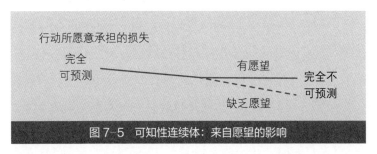

图 7-5　可知性连续体：来自愿望的影响

- **在可知性连续体的每个地方使用预测思维，包括你正在进行创造性行动的时候。**听来有点奇怪，但这是真的。在进行创造性行动的时候，你也在预测。从本质上来说，每个行动都意味着你对即将发生情况的预测。即使在最不确定的情景中，你也在对即将发生的事情进行预测。在可预测的情景中，预测思维总想在一系列可能的结果中确定可能会发生什么。而在不可预测的情景中，预测思维总想排除一些因素，希望使那些保留下来的因素更具吸引力。（"我不一定知道结果会如何，但我知道这样的判断不可能会帮助我提高获胜的可能性。"）（参阅图 7-6）。

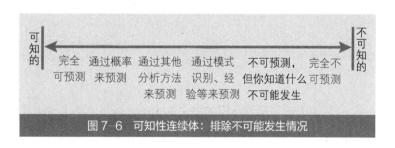

图 7-6 可知性连续体：排除不可能发生情况

- **即使在完全可预测的情境下，行动也比思考更有意义**（参阅"案例：未打碎的鸡蛋"）。如果回想第一章，你就会理解面对完全可预测的情景时，为什么行动比思考更有意义。在第一章"行动胜于一切的 13 个理由"中，我们提到，如果让你拿出一个鸡蛋，伸长手臂，然后放手让它落在瓷砖地板上，根据以往经验，你一定会非常自信地预测，鸡蛋会被打碎。我们不需要做任何计算。但是，如果我让你把家里的浴缸加满水，然后拿出一个鸡蛋，伸长手臂，放手让它落入水中，你还会预测鸡蛋会打碎吗？（你猜不会，对吗？）如果你从两层楼的高度让蛋落入游泳池呢？大多数人都不会立马猜出结果。如果鸡蛋非常昂贵，我们可能就会在网上搜索答案。有些人则开始分析——他们会计算出鸡蛋落入水面时的速度，然后和打碎蛋壳所需的作用力进行比较，等等。

▌案例：未打碎的鸡蛋▐

我们的一个朋友善长我们刚才讨论到的所有计算方法，一次在加勒比地区旅游时，他对此问题突感好奇。第二次去海滩时，他带着从冰箱里拿出的鸡蛋，然后伸出手臂让它落入海水中——完好无损。因此，我们的朋友（包括我们自己）都相当自信地认为同样的情景也会发生在放满水的浴缸中（当然，随着试验的蛋的种类越多，我们可能变得更加自信。）

然后，他把蛋向上抛得尽可能高并从中学到了两件事情：第一，很难把鸡蛋直线地向上抛；第二，当鸡蛋落入海水时依然完好无损，或至少蛋没破。

这是我们的朋友所做的研究，如果缺乏工科知识或互联网的话，他可能需要花费很长的时间才能找出原因。但他通过行动找到了原因。这时的情况已经变得更加可以预测了（"你知道吗，如果你让一个鸡蛋从不高于 20 米的高度落入水中，它可能不会打碎"），而且学习的成本很低，只是简单地扔了一个鸡蛋。

尽管在有些情景中，事情是完全可预测和可分析的，但有时行动可以很快而且成本很低。

- **行动总是指向证据和学习，而思考则不同**，即使是在完全可以根据物理学定律进行预测的极端情况下，也是如此。如果行动证明情况是可预测的，尽管没有学到新的知识，但你也获得了确凿的证据（"嘿，我高中物理老师是对的！"）。但是，如果是些意料之外的事情发生了，你就知道了一些错误或非同寻常的情况，而世界上的其他人还不知道。从科学的角度来看，一个实验的结果如果与预期结果不同常常会被认为是件好事和礼物，因为它指向了一个新的探索领域。

- **预测产生的成本常常被忽略**。例如，预测阻碍了更早采取行动的收益。（当然，更多的预测或许能防止可事先避免的错误，这是在判断和可承受的损失之间的一种权衡）采取行动可以让你在当下就获得证据从而增加自己更早开始行动的机会。（"我可以比其他任何竞争对手更早地进入市场。更重要的是，不论自己行动的最终收益如何，它们至少比别人来得更早而且时间也更长，因为我至少已经比花时间坐在那里预测多了几个月甚至是几年的收获。"）

- **正如我们所看到的那样，有些事情天生就可预测或需要采取创造性行动**，但是大多数都是从不确定向更加确定方向发展的。因此，你在这个过程中同时应用了预测和创造性行动两种思维，只是在不同的时间侧重点有所不同罢了。

- **它是因人而异的。**可预测性很少是绝对的。对你是未知的事情对其他人而言却可能是已知的。因此，问题不是指事情是否是可预测的，而是指它对你而言是否是可预测的。

把这些因素都汇总起来，你就会发现，关于应该应用预测思维还是创造性行动思维的问题本身就是错误的。

创造性行动应该被视为是预测思维的一个备选或至少是一个补充方案。这是因为创造性行动在特定情景下更符合逻辑，即使是在情景可预测的情景下也是如此。

由于我们习惯于应用预测思维，以至于常常质疑创造性行动思维。但这或许并不是件坏事。它将让我们更偏爱替代预测思维的明智行动，以及更好地协同这两种思维方式，两种非常有价值的思维方式（预测思维和创造性行动思维的比较如表 7-1 所示）。

表 7-1　预测思维和创造性行动思维的比较	
预测思维	创造性行动思维
对未来的看法	
未来是过去的延续因而可以被理性地预测，预测的准确性至关重要	未来取决于人们的行动，不可预测本身就是一种资源
愿望	
愿望来自过去的推断，通过不断优化自己的定位来实现愿望	通过做可行的事情来实现愿望，不断地把当前的现实转化为新的和无法预见的可能
基于"最佳"原则做你"应该"做的，而是否"最佳"经常是他人定义的	做你想做的和能做的，并不一定要"最佳"
承诺和行动的基础	
目标和计划决定了你所需要的资源。"我需要整合哪些方法来实现这些目标?"	**利用手中的资源。**"如果应用我已有的资源进行行动会产生什么效果?"
思考和行动。仅仅当实现目标的逻辑完全成立时才行动。每一步的行动都基于计划的安排。周密分析之后才是行动。时间和／或其他资源用于预先的信息收集	**尽可能早地开始行动**，一旦合乎下一步行动的逻辑就马上开始。下面每一步的行动都是基于现有行动的结果所获得的新知识
对待投资和风险的态度	
预期的回报。计算正面潜力，追求（风险调整后的）最佳机会。谨慎地防范失败	**可承受的损失。**计算负面潜力，不超过自己想要或可承受损失的投入。让失败尽可能小和发生得尽可能早，然后从失败中学习

预测思维	创造性行动思维
应对意外	
让计划重回轨道	**修改计划**，有时甚至为了从惊讶中获得收益而改变自己的愿望
对他人的态度	
交易。你与参与者和后来加入的顾客、供应商或其他人的关系根据实现确定目标的必要性来进行管理	**共同创造者**。与你的顾客、供应商，甚至未来的竞争者一起创造自己的市场。所有参与的成员帮助决定目标并影响最终结果
逻辑综述	
在某种程度上我们可以预测未来，因此我们可以控制未来	在某种程度上我们可以创造未来，因此不需要预测未来

资料来源：萨阿斯·萨阿斯瓦斯，作者自行整理。

应用预测思维还是创造性行动思维的问题之所以欠妥当还有另外一个原因。这个问题本身暗示着，回答了这个问题就可能让我们更好地预见成功性。但是根据定义，我们讨论的是预测思维不适合的情景，因此我们怎能确信地回答应用哪种思维方式是对的呢？换言之，如果你发现自己身处一个没有已知或可知规则的情景时，一个关于应该怎样做的规则本身就没有太大意义。身处不可预测的情景中，你是无法形成一个很好的关于应该怎样做的预测规则的，包括应当应用预测思维还是创造性行动思维的问题。

对这个问题的解决方法就像是双语制。那些掌握两种语言的人知道，有些事情用一种语言表达要好于另外一种。例如，当你的一个朋友将要进行一次长途旅行时，你会用英语说，"Good-bye and good luck（再见并祝好运）。"但其他人可能会认为，"Vaya con Dios"（西班牙语意为与上帝同行）是一种更好的表达方式。

有些事情可能用一种语言表达要优于另外一种。能够使用恰当的词江或合适的语言来描述一个情景是件了不起的事情。应用预测思维还是创造性行动思维也遵循相同的逻辑：找出情景的需求，并应用合适的工具（思维方式）来做事。

同时应用预测和创造性行动思维

想象一下（也许你已经认识）那些总是行动第一而思考第二的人。他并不想要透彻地思考每一件事情。那么他是如何应对每件事情的呢？"嘿！这个时候什么才是感觉良好的呢？"然后他开始行动。在某些情景中，行动有可能是明智的选择；而在另外一些（更经常遇到的）情景中，行动也有可能是愚蠢的选择。

与之相对应的是一类极其热爱思考的人，当明智的策略是采取行动时却依然静坐冥想。不行动的原因是他/她缺乏行动导向的才能。

把二者结合在一起，你就可以得到一个覆盖我们生活中所有情景的完整画面——在我们应该进行预测的地方（那些没能很好预测的人们应该学会如何改进），把预测方法应用到极致。在另一些情景中，你需要学会行动，以及"明智地"行动，也就是尽可能迅速和尽可能低成本地行动。但问题是，由于我们已经被训练成并习惯于先思考后行动，所以要敏锐地辨识出应该重点进行预测还是行动是个挑战。

在任何情景中，当你发现自己的反应是思考时，最好判断一下自己处于可知性连续体的哪个位置并问道："在当前情景中，我是否有采取行动的方法？"如果存在任何行动的可能，那问题就变成："是否存在一种方法能够让我以可承受的低成本来快速地行动，从而能够比坐在这思考获得更多、更好的信息或前进一步？在当前情景中，什么是相对更快、更明智、成本更低的行动呢？"

这有三种情景。

在情景一，你有一个想法想试试看，但还不清楚它是什么。或许这个想法最终可以应用预测思维，但那只有在未来才有可能。在当下，你甚至不知道如何把它搭建出来。在这种情况下，只管去做有助于想法成形的事就好。想尽办法把它画出来或说出来。重要的是行动！千万别继续尝试理性的研究。

在情景二，你有一个想法，它可以应用传统的试验方法来验证。但是在最终采取实现想法的行动之前，你还需要了解更多。在这种情景中，尽管预测是有效的，但采取行动可以让你的学习更有效率。霍华德·舒尔茨想创立一家具有欧洲风格的咖啡厅。他在由身着无尾晚礼服服务生提供服务和以意大利歌剧为音乐背景的咖啡厅里进行了一次测试。他发现，人们不喜欢那种装饰，但喜欢提供的咖啡。

在情景三，你掌握了各种有效预测方法的同时，还拥有快速行动的方法。马尔科姆·柯林斯（Malcolm Collins）的故事验证了我们的这种情景。他出售了一家由他和合作伙伴皮特（Pete）创立的软件公司，并决定放松一下自己。没过多久，他就厌烦了人们不断地询问他："下次你准备干什么？"想到曾经在家自酿了两年的啤酒，于是他的回答改为："开一家小型啤酒厂。"他并不是真的这么想，只是敷衍人们的问题。

不久，他的一位终生挚友也是营销和战略咨询顾问的加里（Gary）听烦了马尔科姆整天跟人说自己虚构的啤酒厂，于是恳求他"就做这个了。而且，我和你一起干！"皮特也加入了团队，另一个喜爱销售的朋友拉利（Lorry）也跟着进来了。

这伙儿年轻人只有几个概念，例如拒绝酒吧与餐厅混合，因为提供食物的酒吧通常倒闭率较高，但他们并不真正清楚自己为什么要做啤酒。是否销售英国风味的麦芽散装啤酒？虽然那是他们喜爱的啤酒，但在他们生活的西雅图（Seattle）很难找到生产啤酒的合适麦芽。

他们可以采取传统方法（预测思维）开展市场研究，以了解是否存在潜在的市场需求。如果他们想要那样做的话，是有充足的资金和经验的，但他们想从实践中学习。他们打电话给西雅图地区的酒吧和餐馆，询问它们是否对此感兴趣。反馈的情况相当好，接着他们从互联网上找到了一批英格兰地区的理想的合作伙伴。对合作伙伴的评价指标之一是是否获得过一个大奖。

这伙儿年轻人马上飞到英格兰"休假"了一周。在走访了几家酒吧后，他们选择了 Freckled Johnson 品牌的啤酒，并达成了一个授权协议。接着，他们回到西雅图，与当地的一家小型啤酒厂签订了生产啤酒的协议，并拜访了当地各式各样的酒吧以推销自己的啤酒，最终有几家同意销售他们的啤酒。

业务有效地扩大着并持续了几周（尽管处于低水平），最终他们找到了一家能够提供他们喜爱的英格兰麦芽的当地供应商。如果他们选择的是预测思维的方法，或许他们需要花费一年或更多的时间才能自己酿造散装啤酒。

本书的核心观点非常清楚：能够很好地预知未来的情景是可能存在的，但是，你经常会发现自己身处的是学习要比预测更为重要的时点。也就是说，从实践中学习的收获更大。

≫ 练习：决定何时应用预测思维和何时应用创造性行动思维

这两个理论都很好，但在现实生活中你会如何进行选择呢？

当你试图形成一个新的习惯或改变一个旧的习惯时，你需要一定程度的自我意识。有时，你可能一开始就能意识到。当你有了一个想要创造某个东西的想法时，问问自己对未来情景了解的程度到底有多深？在该情景中学习的自由度有多大？对这些问题的回答将为你提供有关创造性行动思维方法适用性的有用信息。

其他时候，你可能在事后才能意识到自己全神贯注的是以预测思维为基础的过程。在这种情境下（就像第一种情景），尝试回答下列问题：

- 除了进行更多的思考外，我是否可以立即采取某个行动？
- 我是否可以采取任何在我自己可承受的损失之内的低成本的行动？

你要不要采取实际的行动，取决于你自己的最终判断。但是提问可以帮助你打断自己的思维习惯并反思这一习惯。

自我意识的发展需要时间。随着时间的推移，你也在尝试教育自己：在一个确定的情景中预测思维并不是唯一的选择。创造性行动思维经常也是一个可选项，而且在某些情况下，可能是更为有效的方法。

改变解决问题的方法可能会让人感到局促不安、陌生甚至恐惧。两个建议：首先，充分地想象自己选择了一个不习惯的方法。看看感觉如何。其次，看看自己是否能够坦然面对那种不舒服的情景。像平常一样，和朋友分享这些感受以缓解压力是个好方法。

小　结

1. **极少出现二选一**。当有些事情——就像地球上存在重力一样——是绝对可以确定时，还有大量事情却是不确定的。相似的，有些时候你会发现自己就是无法简单地通过预测来预知将会发生什么，但却经常可以采取小步的行动来了解未来。

2. **绝大多数的情景都处于完全可知和完全不可知之间**，你要同时应用预测和创造性行动两种思维。

3. **强迫你自己**。预测思维几乎是每个人默认的思维方式，那是我们从幼儿园开始就接受的教育。你应该有意识地努力让自己尽可能地应用创造性行动思维。

第八章

应对不确定性

——如何在工作中应用创造性行动思维

传统组织都建立在假设未来将与过去相似的基础上。但是，快速地浏览新闻头条你就会发现，世界每天都在变得更加不可预测。如何将创造性行动思维导入当今的组织——地球上最后一个信奉预测思维而建立的机构？虽然不易，但还是可以做到的。

当你读到组织这个词的时候，脑海中很自然地就会想象到大型组织，例如《财富》世界 500 强公司。当然，我们接下来要讨论的内容也适用于它们。但是，我们将要讨论的每件事对家族企业、非营利组织，以及任何规模、任何形式的组织也同样适用。不妨想象一下它们所面临的挑战：

- 它们正试图成长和创造在市场中更具竞争力的新产品或服务。
- 大多数组织都期望自己的商业模式能够运作得更好。
- 所有的组织都希望花小钱办大事，并且能够更好地应对不确定性。

显然，创造性行动思维是应对这些挑战的有力工具之一。在这些挑战中，具体如何行动已经远超出本书的篇幅。（我们承诺它将是我们今后努力的方向。）这里我们关注的重点是，作为个体的你如何让创造性行动思维在组织中付诸实施。

有些话必须说在前面，不论你是让自己还是让帮助你的下属应用创造性行动思维，它都是一件艰巨的任务。当代西方公司的每个方面都是为产生预期结果而设计的，上市公司尤其如此。市场会给予业绩平稳而不是波动的公司以更高的溢价（尽管长期的平均回报是一样的）。因此，对连续一致、结果平稳的需求嵌入企业的各个方面——正式（和非正式）的组织结构、系统和流程、习惯、规范、决策变量等——最终目标是实现更高的股东价值。这种组织把经营重点放在了预期的回报，而不是可承受的损失上。

你还必须跨过除财务以外的其他障碍。这些组织习惯于"遵循计划"，而不是基于它们在市场中的发现来构建新方案。他们拒绝（或至少忽略）愿望的力量，而是把人看作可替代的资源，个人利益（如果被考虑到的话）必须服从组织利益，也就是服从组织战略的需要。

想象一下，如果在一家公司（或非营利组织）内部提出一个包含某些不确定性的想法时会遇到哪些问题，你肯定会遇到上述情景。至少，你会听到这些说辞：

- 它是否与公司的战略相匹配？
- 它发展到最后是否能够满足我们大公司的规模和盈利目标？
- 机会成本如何？我们如何承受把人力资源转移到如此不确定的未来上的代价？
- 改为其他产品和项目的风险有多大？它们是否可以被抵消？
- 这样是否会损害我们的品牌或公司形象？
- 我们怎么知道它比现有的更好？现有的方法看起来非常适合我。

可是，回答这些问题都需要预测思维。

到处都是障碍

不仅是这些正常的问题和障碍一起阻碍了创造性思维在公司和其他组织内部的生存，同时还存在一些非正式的障碍。想想采用部门审批制的公司在实施任何新方案时折腾的次数、汇报的次数，以及在任何具体行动采取之前进行调整、微调、确定、改善的次数。

┨ 被消磨殆尽的潜力 ┠

通过预测的"检查点"越多，一个项目或建议潜在的正面影响也就越弱。

想象一下你的项目进行可预测检验时的情景。你放弃了不确定的未来的路径，把自己的建议修改得尽可能符合最有可能发生的情景，从而让预测的结果能够进行经济评估。你最终提供的仅仅是一个最有可能发生的情景的建议（而不是一个最具潜力的建议，因为未来是不可知的，我们也缺乏同等水平的信心认为它一定会成真）。

但是，当每次排除自己建议中某个在当前看起来缺乏确定性（或甚至是未知）的选项时，你也在扼杀一个潜在的好机会。这样的决策过程隐含的假设是，任何行动的结果都要比初期预想得要差。

有理由相信在当代组织中预测思维是无处不在的，

当未来是已知的或至少部分是已知的时候它是有效的；

但当未来是不确定的时候，创造性行动思维就更有效了。

组织及每个人都应该在工作中应用正确的方法。

如果这还不够，还有非正式的习惯、流程、组织结构折磨你。在许多组织中，你必须向每个可能受到你想法影响的人进行汇报。你不得不准备并提交这些简报（花费了许多本来用于实际做事的时间）。不论是公开地还是隐含地不作为，每个你报告的人都有可能扼杀你的想法，尽管你将要与之沟通的大多数人都没有决定此事的权力。更糟糕的情况是，这些人中的许多人的偏见倾向于扼杀你的想法，因为你想法的结果都是未知的（或需要资源来估算）。因此，"最安全"的决定是回答不（或什么都不说）。

不论你是自己尝试使用创造性行动思维，还是鼓励其他人去应用它，这些因素中的任何一个都将并且经常会挫败你的努力。总之，他们会扼杀任何你不能自信地预测将会成功的事情。

这种情景就是你的起点。预测思维在当代组织中无处不在，因为它在可预测（或部分可预测）的情景中是有效的，而且在某种程度上，这个世界上的大多数情景已经并且还将继续是可预测的。然而：

- 至少在某些时候，几乎所有的组织还需要一种众人皆知的超越限制的思维方式。
- 组织必须应对大量的不确定性（至少在某些时候）。
- 现有企业培育企业家精神和创新精神的努力的成效参差不齐，急需其他新方法。

所有这些情况表明，当你试图改变自己企业的运作方式时，你的努力并不是毫无希望的。那么，应该从何处开始呢？让我们先从不应该做什么起步。

错误的方法

导入新想法或改变一个组织的传统做法是遵循一条简单的路径进行的：

1. 确定自己的目标。在这里指的是在一家公司或至少在一个项目中恰当地应用创造性行动思维方式。

2. 确定组织要达到这一目标还有多大的差距（可能的回答是"不是非常大"）。

3. 规划一个从现在所处的状态（不清楚的）到预期目标（一个应用创造性行动思维的项目或组织）的方案。

4. 引入一些激励、支持、培训等制度让变革发生。

5. 增加评价指标以跟踪进展情况，并在偏离计划时能够及时发现。

6. 开始行动并进行必要的修补和完善工作，直到实现目标。

这听起来非常耳熟？是的。这完全就是预测思维。这种方法可能也运用了创造性行动思维，但也可能没有。你可能并不是很喜欢这样的变革方法，其中有 3 个原因：

首先，经验和研究结果表明，用这样的方式来改变一个组织的文化或决策等过程是非常困难的，并且常常会失败。虽然是老生常谈，但它是千真万确的——组织，就像人体一样，趋向于抗拒外来物体的入侵。正如我们所看到的那样，当创造性行动思维导入已有特定业务运作方式的公司时，人们会觉得有点异样。

其次，我们前面概述的导入过程可能需要花费几个月甚至是几年的时间。

最后，如果采取这种变革方法，你将会面临低估组织内部已有的预测思维的能力的风险。而那可能是个巨大的错误。尽管每个时刻世界都似乎变得更加不可预测，但依然并永远存在大量的东西，甚至是大部分东西，是可预测的，而且你也不想弱化或淘汰组织已有的这个超凡的能力（预测思维），那是一个在合适的情景下依然有效的思维方式。

┤ 组织为何、何时、何处应用创造性行动思维？ ├

组织为何应用创造性行动思维？要知道组织创新的成功率并不高。这样做的一个原因是，那些每天必须面对不确定性的创业者使用这个方法的效果很好（没有比创造不曾存在的东西更具不确定性了）。

何时应用创造性行动思维？当预测方法不靠谱的时候。

何处应用创造性行动思维？产品或服务的创新、商业模式的创新，以及整个组织的创新。

很清楚，当你想要在组织导入新想法和进行变革时，传统

的思维方式并不合适。如果想要成功地应用创造性行动思维，你需要采取一种不同的方法。

接下来我们将介绍你可以采取的步骤。

如果孤单一人你会做什么？

也许你会采用教育的方式向组织证明，创造性行动是个可行的方法。那你会怎样做呢？你应该认识到，学习必须发生在两个层面，个体层面（你）和组织层面（你的上级、平级、下级）。

你要意识到，"和白费力气地说服组织接受这种新思维的方法不同，我的起始点是否应该是如何提升自己洞察导入创造性行动思维机会的能力？"你需要开发的是，知道什么时候应用创造性行动思维是正确的行动的能力（第七章可以提供许多这方面的帮助）。

换言之，当面临任何新环境时，你应该问问自己："这是我以前遇到过的和（或）一个我好像知道将会发生什么的挑战吗？如果是，我或许应该应用训练多年的预测思维技能。这时肯定不应该应用创造性行动思维。"

但如果情况不是这样的，"现在的问题是，未来基本是不可知的。"开始考虑应用创造性行动思维就合乎情理了。

当你这么做时，你的行动就像自己是个创业者一样。你会说，"好的，这就是一个关于了解我是谁、我认识谁、我知道什么的练习，通过我的个人网络把事情做成，以及以最低的成本来做每件事。"

这种方式强调的是，你必须在自己和组织可承受的损失范围内聪明地和创造性地做事。如果有些人发现并反对你正在做的事情，而且事情看起来也缺乏充足的理由，你可以辩护说它对组织的风险很小，而好处却很大。

除非是总经理或至少是公司高层，否则你一般不可能说服你的组织去创造一个新的组织结构，但是你可以从一个不同寻常的视角解决一个已有的问题来达到相同的目的（"嘿，老板，我们可否换个角度来思考这个问题？"）。你可以那样做，尤其是当以一种节省组织成本或使组织运作更有效率的方法时（随后会介绍更多这方面的内容）。

你也可以抱怨："我没有任何权力，我无法改变公司的决定，我不能重新设计激励制度和任何其他事情。"答案是："不，你不能，试都不要试。"但是，简单地让自己和其他人用不同的方式来思考，你依然可以在不改变任何以上抱怨的事情的情况下影响这一切。

这样做的理由很简单，"尽可能聪明地做事"。我们希望你为他们提供一个看问题的新方法。这样做永远不会遇到麻烦，尤其是当你这样做的时候还礼貌地问道："我们能不能用不同的方式来思考这个问题？"

这是在组织导入创造性行动思维时，必须完成的第一种学习，个体层面的学习。

第二种是组织学习。涉及的问题包括"我如何才能让组织（至少是我和与我想要做的事情相关的部分组织）接受创造性行动思维？我应该做些什么来说服人们相信这种新的思维方式是有益的，以及它是现有情景下应该使用的一种工具呢？"

没有放之四海而皆准的方法。我们正在应对的是一个关于创造性行动思维的事情，因此每个组织都必须以自己独特的方式来处理此事。如果一个公司采用其他公司的做法，那意味着它的学习又回到了预测思维，也就是，"如果我在某种程度上模仿他们，我就可以从中受益"。

模仿可能并不会非常成功，原因至少有两个：首先，就像本书前面所说的那样，目前还没有大型组织正式地采用过创造性行动思维，因此，已经导入这一思维方式的公司一定非常特殊而且思维方式也限定在组织的某个特定职能范围。

其次，没有两个组织是完全相同的。因此，在一个组织中应用良好的方法，在另一个组织中不一定有效。那该怎么办？你可以学习其他组织是如何导入该方法的，但不能生搬硬套。你需要了解自己的实际情况。全盘抄袭将于事无补。一种方法并不是处处适用。每个组织都是独特的，就像你自己。

一个组织在面对不确定性时如何行动？

综合创造性行动和预测两种思维。

首先向斯蒂芬·柯维（Stephen Covey）致以诚意的歉

意[1]，接下来我们将列出组织中成功的创造性行动者的七个习惯。不论你是刚入职的菜鸟还是资深的管理人员，当你准备在组织中使用创造性行动思维时，必须记住下列战术：

1. **把你想做的事和企业的一个紧迫任务相关联。**忽略这一点（而且一般也总是忽略）的后果是致命的。这样的结果让人沮丧，因为它实际上是很容易处理的。是的，让我们能够飞着去上班的火箭背包的创意当然令人兴奋，但如果你在一家生产滚珠轴承的公司工作，你是很难让它和公司的业务相关联的。你想要的能够说明某些东西的开场是："你知道，组织有经营目标A、B、C（当然，你也可以谈论其他的组织目标，如改进团队工作，但如果你从公司的经营目标开始，乐意聆听的人可能会更多）。我有一个想法，我想它完全符合这个需求。"

2. **产生显著的、"符合企业需要"的经营结果。**千万别专注于组织或文化变革。要用组织的语言和财务业绩来证明你想法的效果。是的，如果你能够在一夜之间把自己的组织改变成谷歌那样的公司当然很好，谷歌是一家完全适应市场变化的公司。但是，如果你部门经理的目标是成为公司业绩最好的部门，那成为第一就应该是你关注的焦点。

3. **确定存在足够的自主空间。**应用创造性行动思维的单位或个体除了要有足够的可以与众不同的自由空间，还要能够保

---

[1]　这里作者借用了斯蒂芬·柯维《高效能人士的七个习惯》著作的标题。斯蒂芬·柯维所指的七个习惯包括：积极主动、以始为终、要事第一、双赢思维、知彼解己、协作增效、不断更新。——译者注

护自己免受组织将会施加的"复原力量"的影响（有时是不知不觉地）。这意味着你和你导入的项目不要为了获得每个人的承诺而烦恼。实际上，你也没有必要那样做。面对变化，人们有4种态度：阻止发生，让它发生，帮助发生，使它发生。如果可能，你显然不想让任何人抱着"阻止发生"的态度。绝大多数人会简单地持有"让它发生"的心态。你（可能还有其他一些人）则必须"让它发生"。你的老板和一部分其他人则倾向于"帮助发生"，并会在你的周边制造缓冲区。因此，不是问"我如何让每个人参与我的创意？"而是不断地问自己"为了让项目向前推进，我至少需要多少的承诺？"（参阅"管理者能为培养创造性行动思维做些什么？"）你可能并不需要很多的承诺就可以开始行动。

4. 承诺至关重要。一个重要但又常被忽略的要点是：只有拥有愿望的人才能够胜任不可知情景中的工作。强迫人们应用创造性行动思维并不可行。如果你这么做，首先遇到的会是抵触，他们会开始寻找各种理由以回到他们认为的"真正的工作"（以一种他们习惯的方式做事）。如果没有获得人们的承诺，任何的变革都是非常困难的（参阅我们在第六章中关于加入的讨论）。

5. 不要大张声势。一开始就应该把你的注意力放在你需要的人身上，那些将帮助你实现想法的人身上。

他们需要了解创造性行动思维的基本原理。那他们的上级或上级的上级呢？不需要关注太多的人。换言之，不要强制推进团队的培训，不论大小，在这个时候，没有必要进行大范围的创造性行动思维的培训。

6. **管理好预期**。在早期，请保持低调。相对安静一些并只公开少量的信息，从而给试点单位创造足够的自主空间。不要误导人们认为事情将会快速地发生变化，或者他们将会面临不一样的生活（除非人们实际上参与了创造性行动）。在所有时刻，你的箴言都是"少承诺，多付出"。

7. **以成功为基础管理节奏和时点**。学习什么是可行的和什么是不可行的。添煤之前要确保篝火已旺。先获得一些小成功再继续推进。创造性行动思维的一个优势是不需要替换任何现有的为可预测情景而设计的组织结构。

在确信创造性行动思维的种子已经种下并存活之前，这些管理方法都必须保留。就像我们所强调的那样，创造性行动思维并不是替代预测思维，它只是一种新的工具。你不需要对已有的系统进行巨大的改变，因为那样组织将会阻碍你的努力。在初期，你只需要简单地把它添加到已有的东西中就好。

一个发生在我们身边的例子很好地解释了这七个步骤的应用过程。年复一年，百森商学院一直被认为是全球创业教育和研究的领先学术机构。学院也继续保持着"美国最好的商学院"之一和"全球领先的高级经理培训（EDP）学院"之一的称号。

问题是，对许多想要进入百森商学院求学的本科生或研究生而言，学院只有一个位于波士顿郊区的校园。如果想要在百森商学院学习，你需要搬到马萨诸塞州的卫斯理镇，这样一来生活并不是很方便，尤其是当你在其他地方还有全职工作的时候。

显而易见的解决方案？设立一个分校。

显而易见的担心？如果百森商学院要在美国西海岸设立一个分校——旧金山应该是个不错的地点，城市和周边地区（硅谷就在较短的车程之内）约有几千家新创企业——有人来读吗？

面对这样的问题，应用预测思维的人们会建议："我们先花费 10 万美元做个市场调查，看看百森商学院在西海岸地区是否有市场。如果有的话，接着我们就可以制定一个营销战略，投一些广告，设立一个办公室，启动设立分校项目，这些大约需要再投资 10 万美元。"

但应用创造性行动思维的人们可能会采取不同的方式。他们应用的是"先立即迈出一小步来看看会发生什么"的思维方式，他们会建议："让我们先做个广告，说我们接受春季入学申请。这和 10 万美元的营销调查费用差不多。如果没有人来申请，我们就知道百森商学院在那里没有市场，我们所有的损失也只是和花在市场研究上的 10 万美元一样多。但如果有合格的学生申请并被录取，我们就知道那里存在市场需求。我们就能省下 10 万美元（那些用于市场研究的钱）。而且我们的行动还将提前 6 个月。"

百森商学院实际上就是这么做的。想象一下，一个久负盛名的商学院没有采用传统的市场研究而是在 2010 年推出了

"MBA 快速课程"（Fast Track MBA，一个为有工作经历的专业人士提供的速成、在职、24 个月 MBA 学位项目）项目。入学率超出了预期，现在百森商学院在西海岸已经有了一席之地。

管理者能为培养创造性行动思维做些什么？

支持你的探索团队

- 通过为他们创造和保持足够的自主性来允许、鼓励、指导、保护你的团队。
- 确保他们用的是实际的结果（支持公司的业务）来证明自己的想法。成功将会消除许多的障碍。

在整个组织培养创造性行动思维

- 允许、鼓励、指导、保护早期的接受者。
- 宣传推广，首先通过意见领袖来传播。
- 管理可承受的损失（参见"如何在整个组织导入创造性行动思维"一节）。

高层经理应扮演的角色

- 允许和鼓励创造性行动的发生。
- 管理可承受的损失。
- 确保参与创造性行动项目的人真的想要在公司创造正能量并能够尽快地实现你的目标。

还有其他方法导入创造性行动思维吗？

时常会有人问道，是否存在另外一种可能的方案，也就是"让组织导入的创造性行动思维保持其自身独立性的另外一种方法？换言之，通过创造一个在规则、过程、设计等方面与已有组织完全不同但共存的组织，把解决不可知情景和利用不可知情景的努力区别开来。"

许多组织已经开始尝试这种隔离独立的方法，但成功并不普遍。的确，年复一年，管理咨询顾问们不断地推荐在现有的组织旁创立一个新的小单位从而避免母公司的干预。尽管这种方法也有效，但尝试过这种方法的人普遍发现它存在许多问题，例如：

- 如何把新单位开发的创意、产品、服务等重新整合到母公司？

- 谁来管理这个新单位？（醉心于预测思维的人显然是无法胜任这个管理岗位的，即使是最具有创新精神的企业员工也会不自觉地拘泥于以预测为基础的逻辑）

- 新单位的业绩如何评价？（是否应该要求达到预期回报率或不现实的高预期资本收益率？由于这种探索是极具风险的，因而这些方法可能都没有太大的效果）

与隔离相类似的做法是把创造性行动思维限制在某些特定

的活动中，例如试验性项目。尽管这种做法有时会成功，但他们同样也面着临重新整合和如何领导等难题。

没有一个现实的和永久的解决方案，因为在某些时候，母公司自身的运作也面临着不可知的环境。也许你可以把业务的某些方面移交给一个分立的单位来运作，但不可能是所有的业务。现实情况没那么简单。

在这种情况下，你将面临无法回避的难题：母公司在面临不可知情景时应该如何运作？最适合不确定情景的创造性行动思维提供了一种解决方案。这时应用预测思维工具显然不是一种好的策略。这一工具不仅无效，而且会在两个方面导致更高的成本：第一是时间和资源。错误地把预测思维应用在一个无法使用的情景，将浪费宝贵的时间和资源。第二，应用预测思维的成功标准来衡量创造性行动思维是不合理的。

应用传统投资回报率的考核指标可能会造成这种令人失望的结果。举个例子，一位应用预测思维的管理者宣称："Mega Galatic's 公司的政策是，所有的新产品都必须实现一个正常可接受的投资回报率和至少创造 2,500 万美元的收入。考虑到这个应用创造性行动思维的项目相当具有不确定性，我们现在不能以通常易于了解和便于验证的方式来决策。为了对冲风险，我们要把回报率提高到比通常预期高一倍的水平，并要求销售收入至少要达到 5,000 万美元。"最后，她强调："嗯，这就是现在我所想到的。但我还不能确定那样是否就够了，还是把回报率再提高一倍吧。"

尊重上级（并准备克服三个障碍）

在公司导入创造性行动思维的开始阶段，你匆匆地拜见自己的老板。这时，你有两种行动方案：一是把你的方法强加给她；二是把她视为一位尊敬的同伴。你应该知道哪种方法是正确的。

首先，你应向她概述行动将给公司带来的长期利益，然后提出一个可承受的低成本的下一步行动方案。但是，那只是第一步。你还必须让自己站在她的立场来思考问题。你可能看到的是光明的一面，而她可能持怀疑的态度。通常你可能会遇到三个障碍：

1. 她知道一些你不知道的因素，从而使她认为以创造性行动思维为基础的建议无法实施。你需要找出那是什么因素。如果发现的确是那样的话，想想应该怎么办。

2. 你的建议超过了她可承受的损失，或者她的老板可承受的损失（你要么想办法找到减少损失的方法，要么看运气）。

3. 她告诉你所提建议的理由还不够充足（当然，这完全是一个判断问题。你可以礼貌地争辩说，她可以从行动中获得更多的证据，那些证据要比她的直觉更有说服力。而且那些证据可以在可承受的损失范围内用一些小成本的行动来获得）。

尊重（并准备好应对这三种异议的理由）是你获得老板支持的关键。

最后，你可能会遇到这样一种情景，即要求的回报率非常高以至于创意——不论前景是如何得灿烂——都不可能得到批准。为什么会这样？原因在于，在一个预测的世界里，逻辑理性的思考过程和明智之举会被不自觉地和习惯性地保留和应用到一个不可预测的情景中。因此，出现这样较为离奇的要求就不足为奇了。

──────┨ 带来50亿美元收入的创造性行动 ┠──────

有一些大公司把成功归因于他们成功导入创造性行动思维。高乐氏（Clorox）就是其中一例。

1913 年 5 月 3 日，5 位加州创业家每人各投资 100 美元在奥克兰旧金山湾边创立了美国第一家商业规模的液体漂白剂工厂。他们把生产的产品命名为高乐氏。

公司早期的发展充满了艰辛。董事会成员不断地用个人贷款来支付公司越来越多的债务。1916 年，公司的一位创业者威廉·C. R. 默里（William C.R. Murray）被任命为总经理。默里的太太安妮（Annie）开始接手掌管他们家开的零售店。

应安妮的要求，默里让工厂的化学家基于高乐氏工业应用的漂白剂配方研发了一种低浓度的家庭版产品，安妮把样品免费提供给了顾客使用。

那装在 15 盎司琥珀色玻璃"品脱"瓶里的家庭装漂白剂溶液被当作一种高效的家庭洗涤辅助剂、去污剂、除臭剂、消毒剂，迅速地受到了大众的欢迎。

向安妮咨询和要货的人远至东海岸地区和加拿大。受到安妮成功免费试用结果的鼓舞，高乐氏公司采用了她的战术并将其作为了一个主要的营销手段。高乐氏指导零售商采取买一送三的销售策略，且促销费用完全由公司承担。那些试用的人喜欢上了这个产品并开始回头以全价购买。

到了 1928 年，大规模的全国性广告和促销活动进一步强化了它纯净、多功能、可靠的品牌形象，高乐氏漂白剂溶液的橡皮塞玻璃品脱瓶成了美国洗衣房、厨房、浴室的标配产品。工业应用的高乐氏公司成功转型成了一家日用消费品公司。

我们推测，安妮是源于自己的想法而要求公司生产家庭装漂白剂溶液的。因为在当时，没有任何理由让高乐氏公司进入日用消费品市场。她利用身边的资源开始行动，也就是她的丈夫有能力来领导一个实验性产品的创造过程，而且还是免费的。整个过程的成本远低于每一个人的可承受的损失。她利用了丈夫的高乐氏公司这个资源来生产产品。高乐氏公司接着把她采取的行动（受到顾客的认可）变成了自己进入全国市场的策略。

2011 年，高乐氏公司的总销售额达到了 50 亿美元，其中包括 Pine-Sol 牌清洁剂、Fresh Step 牌猫砂、kingsford 牌活性炭、Glad 牌袋子、包和容器，以及其他日用消费品等。

为什么公司需要培育创造性行动思维

公司也许难以改变，但他们将（或终将）培育能让他们盈利或朝着这个方向努力的任何资产。创造性行动思维具有达到这些目标的可能。下面是我们开设的"创业：行动胜于一切"培训课程的学员和同事们在解释创造性行动思维的好处时列举的理由：

1. 创造性行动思维不仅可以让我们创造新的产品，同时还可以让我们创造新的商业模式，而且不仅仅是应对竞争者的商业模式。（Blockbuster 公司和其他独立的录像带租借店会喜欢发明类似 Netflix 那样的商业模式吗 [1]？）

2. 创造性行动思维鼓励积极主动，从而促进了快速、明智的行动，以及内嵌的可承受的损失的概念的形成。在当今的日常工作中，我们经常强调员工要"积极主动"。但这在一个严格奉守预测思维的组织是很难做到的。当尝试做某些最终可能不成功的事情时，我们也许不会被解雇，但人们常常会采取典型的事后诸葛亮式的责备——"你没有想清楚"。那样的环境

---

[1]　美国影音租赁连锁店 Blockbuster 曾是全球影视潮流的中心，高峰时在全美拥有多达 9,100 间分店，业务遍布全球。Netflix 是一家美国公司，在美国、加拿大提供互联网随选流媒体播放、定制 DVD、蓝光光碟在线出租业务。该公司成立于 1997 年，1999 年开始订阅服务。公司创始人因为不满传统录像带连锁店的延期归还滞纳金收费模式而采用了费用包月制，消费者可以无限次租借影片，而且不收延期归还滞纳金。2009 年，该公司可提供多达 10 万部 DVD 电影，并有 1,000 万的订户。2010 年，Blockbuster 申请破产。——译者注

不仅会让我们在今后思考得更多（以确保自己已经深刻思考），
而且会行动得更少。

> **如果你在寻找明智的解决方案或潜在的发展机会，**
> **创造性行动思维最适合你。**

3. 创造性行动思维提供了企业经常缺失的一个要素，即不
确定情景中领导力的基础。当代公司正在为提升领导力和如何
应对不确定性而努力。不幸的是，我们缺乏合适的手段，创造
性行动思维可以帮助我们弥补这方面的不足。

当然，这个变革花费的时间可能比你设想得要长。如果情
况的确如此，你可以在等待的时候把自己的一些创造性行动思
维应用在其他地方。不要放弃希望，同时做些其他尝试。

罗宾·范恩·里卡（Robin Vann Ricca）是波士顿一家非
营利儿童和家庭服务机构——小流浪者之家（Home for Little
Wanderers）——组织发展业务部门的负责人。她对自己的工作
感到满意。尽管工作十分努力，但她仍然觉得组织的领导力发
展问题还没有得到自己所希望的关注。她对领导力发展的主题
充满了激情，并相信它可以改进自己所处的服务机构。她有几
百个想要尝试的创造性行动思维的想法，但不知何故它们都因
缺乏足够的动力而未付诸实施。对此她感到有些失落。但是，
她不是停留在对缺乏变革的惋惜中，而是找机会在自己的教堂
应用创造性行动思维。

年轻、活泼、充满创意的牧师发现，教堂需要为即将到来的活动准备设备。里卡表示自己愿意参与，牧师也同意了。他们之间关于她任务的谈话扩展到了教堂的其他需求，包括领导力发展。最终，里卡提出了一个教堂内部领导力发展的共同承诺方案。现在她可以应用在自己教堂开发的工具包来为其他宗教型组织提供咨询建议，并应用于自己工作的小流浪者之家。日常的工作和教会的工作让她感到更加得充实了。

如何在整个组织导入创造性行动思维

由于目前没有在大型组织导入创造性行动思维的任何实际经验，我们的建议也将随着时间的推移而改进。基于我们现有的经验，下列步骤极有可能带来最大可能的成功：

步骤 1. 避免自上而下导入的灌输，让一个或多个早期接受者自己应用这个方法，并观察这种方法在实际工作中的实施效果。

步骤 2. 如果有效，他们应再次应用这个方法，并与组织的意见领袖分享他们的结果。所谓的意见领袖是指他们的观点会受到更多人重视和注意的大约 5% 到 10% 的成员，他们并不一定要身处正式的领导岗位。当这些意见领袖有了或接受了一个想法时，整个组织也就接受和认可了它。创造性行动思维也就获得了合法性并会像病毒一样传播开来。

步骤 3. 正式的组织领导应公开地支持这两个群体——早

期接受者和意见领袖——的努力或至少允许使用这种行动的方法。高层管理人员真心地支持并不一定意味着他们也必须创造性地行动。所有人都知道，这些管理者们会为保护既有利益而采取保守主义。他们是在旧体制下成长起来的，正是这个体制才让他们成为高层管理人员。他们不会喜欢改变让自己升迁到今天这个位置的行为。他们也不必这么做。他们所要做的仅仅是帮助创造性行动的发生或允许它发生。不要期望高层经理会领导变革。

这些切实可行的步骤足以促进创造性行动在组织立足，并随着时间的推移而逐渐扩散到整个组织。

大型组织对内部创业家们（Intrepreneurs）持怀疑态度是有很多理由的。公司内部创业的成功率很不确定。本书探讨的不是公司内部创业。无论从哪方面来看，我们指的大型组织都需要更多的创业精神。

⟫⟫ 练习：将创造性行动思维导入组织——行动大纲

1. 了解当一个特定的环境具有高度的不可知性时，最好的方法是应用创造性行动思维（预测思维不合适）。

2. 在较少的可承受的损失的前提下提出一个引人入胜的下一步行动方案（什么东西可以让你在最短的时间、用最少的资源"走得更远"）来替代"更多的研究"。

3. 提升吸引各种赞助者、推动者、支持者加入行动的技能

（提高自己为不了解的人解释创造性行动思维和说明为什么它是合适方法的能力）。

4. 开发个人愿望并采取行动来实现它。

小　结

1. **想想航空公司的广告。**航空公司几乎从不吹嘘飞机有多好。他们显露的是飞机可以把你带往何处。相同的，你也不必解释创造性行动思维的好处，你要说明的应该是创造性行动思维是如何让公司受益的。

2. **自下而上基于个人行动的行动方法。**当然，变革可以自上而下开始。老板想要做某件事情，公司上下都会努力把它做成。但要让创造性行动思维在组织扎根，它必须来自公司的各个层面，根植于与组织目标紧密相连的个人的主动性。

3. **创造性行动思维。**利用自己身边已有的资源快速行动，并吸引其他人加入。

4. **采取小步的行动。**如同固执的人一样，大型组织学习任何新的东西可能要花很长的时间。不要奢望导入像创造性行动这样的新思维可以马到成功。必须准备采取渐进的行动方式。

5. **如果它不是你关心的事情，请别浪费自己的时间。**重要的是愿望。由于组织的变革非常缓慢，因此你应该在行动之前确信自己真的想要在组织导入创造性行动思维。

第九章
在家人和朋友中应用创造性行动思维

你可以在工作之外应用创造性行动思维。当帮助家人和朋友应用创造性行动思维时，你既可以扮演行动者，也可以扮演支持者。

到目前为止，讨论的焦点都是你，如何确保你了解创造性行动思维的逻辑，以及如何让你在创业时应用它。但就像我们从头到尾所阐述的那样，创立一家新企业并不是创造性行动思维的唯一用途。相同的方法、原理、逻辑同样也可以应用于其他任何地方。这里的"其他任何地方"可以分为两类：

- 组织内部——先前章节的内容。
- 工作之外——当你身处朋友、家庭成员、社会和宗教组织，以及我们的社会之中。

在开始讨论之前，让我们先做一些假设。想想这种情况，不论你身处我们刚才所列出的哪种工作之外的关系，可能扮演的都只是两种角色：

1. 一个行动者，一个正在应用我们先前谈到的原理但身边的人却并不了解你在做什么或为什么那么做的行动者（如果他们也那么做，你就简单了）。

2. 一个支持者。你正在帮助某个人或某些人达到他们的目标。

针对每种角色，我们将提出一些适用于所有情景的基本原则。接下来让我们依次讨论。

作为一个行动者

在这种情景中，你是一个想要帮助教堂、庙宇或修道院做成某些事情的人（你想要参加城市的妇女保护组织工作；和朋友们一起做一些或任何事情来改进社区学校的条件；和家人一起构思一个祝贺仪式给敬爱的亲人）。

为了做好这些事情，你需要开发自身充分利用创造性行动思维的能力，那意味着：

- 记住你自己曾经拥有的但可能已被遗忘的有关创造性行动思维的潜在能力；为了改变过度使用预测思维的习惯，你必须不断地创造机会来练习这个能力。
- 开发辨识不可知但却适用于应用创造性行动思维的情景的能力。

最终，所有这些能力都会条件反射式地出现，就像能够轻松掌握两种语言一样。具有双语能力的人——小孩是个最典型的例子——可以在一种环境下自然地使用一种语言（在学校说英语），在其他地方使用第二种语言（回家说西班牙语）。他们和他们具有相同语言能力的朋友经常在一个句子里来回地穿插使用两种语言，当觉得合适且能够唤起最大共鸣时就使用西班牙单词或短语，反之则使用英语。因此，那些熟练地使用两种语言的人是本能地使用两种语言来表达他或她的想法。至于哪一种语言更占主导地位则取决于所处的环境。

当你在组织和个人生活中解决问题时可以采取相同的方法：有时预测思维是合适的，而在其他时候创造性行动思维才恰到好处。

作为行动者，你需要能够以人们马上就能理解的方式解释你正在做什么，以及为什么这样做。以下三点可以帮到你：

- 想办法让自己将要采取的行动能够让人觉得既信服又可以承受。当你正在做的事情让人感到兴奋而又只需承担很少的成本或风险时，人们就容易理解你（这样一来，他们会更有可能参与行动或支持你）。
- 确信你是真的想要采取那个行动。如果对你而言那并不是真的充满意义，你会很难吸引其他人参与其中。
- 如果可能，你应该有一个具体的行动设想，从而让支持你的人知道应该怎样做。

作为一个支持者

当身为一个支持者的角色时，你的职责是帮助其他人采取明智的行动，或者至少不要阻碍他们的行动。这意味着你需要做以下三件事情：

- 帮助他们找出自己想要做的事情。他们正在思量的东西是否是他们所关心的？他们拥有哪些行动所需要的资源？什么是他们下一步低成本的行动？（能否把他们介绍给你认识的人？）你的目标是帮助他们变得更有创造性。

- 帮助他们尽可能地了解现况。愿望和激情可能会扭曲现实，这对正在努力创新的人们而言是个潜在的阿喀琉斯之踵。他们会深陷自己想要做的事情，而无法像清醒时那样看到真实的状况。（他们会这样告诉你，"为什么市长不愿意资助我们的想法？这个想法肯定可行。""和我要做的事情的结果相比，提高一点财产税根本就不是个大问题。"）

- 当你看到创造性行动思维时，强化它们。例如，告诉他们，他们应该对自己的想法感到十分兴奋（如果他们的确兴奋的话），风险看来也不是那么高（如果的确不高的话）。强化行为是嵌入新思维的最快方法。因此，当看到一位朋友或家人采取了一个明智、低成本的行动时，你可以鼓励和强化他们的行为。这可能要比强化

他 / 她的思维的效果要高出 10 多倍。

这些方法对身处任何情景中的人都具有现实的指导意义。接下来，让我们看看它们是如何在家庭和朋友中被加以应用的。

创造性行动思维和家庭

我们爱自己的家人和朋友。因此，我们饱含所有的爱和情感来说这句话：在家庭和朋友中应用创造性行动思维是一个真正的挑战，但可能性并存。

为了便于描述，让我们虚构萨拉·卡尔顿（Sara Carlton）这个人物和她的家庭。萨拉这个人物很典型：她在一家跨国公司 GDI（Global Diversified Industries，美国的全球多元化工业集团）工作。20 年前她在公司遇到了丹尼（Dan），她的丈夫。他们有了两个孩子，14 岁的贝基（Becky）和 11 岁的斯科特（Scott）。萨拉在自己的社区（她在密苏里州格拉德斯通市一所学校的董事会担任家长代表）和教堂都是活跃分子。

丹尼的工作是为 GDI 董事长撰写发言稿，他相信自己看准了一个潜在的巨大机会，并且多年来一直梦想创立一家公司来抓住这一机会。在我们的故事中，丹尼告诉萨拉，他正在最后考虑是否放弃现在的高薪工作来投身创业。

像 GDI 这样的大公司拥有许多知识产权，但是它们在过去既没有得到有效的应用，而且在未来也没有继续保持的必要。虽然公司应用其中的一部分知识产权在市场中建立了竞争优势，但在行动之后经常就被闲置在一旁了。

丹尼在许多场合给萨拉和他们的朋友解释道：

> "完全没有必要那样。丰田在开始研发第四代普锐斯汽车时，就把自己的第一代混合动力技术出售给了美国汽车公司。那也是许多公司对自己的知识产权可以做的事情。在公司应用部分知识产权来提高自己的市场份额、利润或其他方面后，他们可以把那些知识产权转化为可以销售和利用的商业评论文章、专栏、白皮书、书籍、影像和软件等。从本质上讲，专栏和领导力思想碎片本身就是一家公司上乘的市场营销材料。我就是这样一位最合适的人才，可以帮助这些公司找出他们有哪些东西可能让其他公司感兴趣，然后帮助他们开发利用这些东西。"

根据丹尼最初的设想，他将从 GDI 辞职然后创立自己的新公司。萨拉十分了解创业精神的要点和行动原则，尤其是创造性行动思维，因此她说服他：

- 继续这样想下去对他没有什么帮助。确定创意是否可行的唯一方法是采取一小步行动，然后观察和发现将会发生什么。
- 没有必要采取类似辞职的过激行动。他可以先做一些准备工作，利用晚上和周末以及午餐的时间，找出那些可供他开发知识产权的公司；列出那些可能帮助转化知识产权的作家、视频制作人、软件开发商，等等。

　　萨拉对丹尼的创业想法持支持的态度。"我很高兴看到你的热情是如此高涨；你是否想过和银河国际（GDI 的一个竞争者）的比尔·泰伯（Bill Tabor）谈谈？他现在是他们公司外部沟通的负责人，并可能是你创业的切入点。"

　　丹尼已经有一阵子不再谈论自己的想法，因此当他们一起在家里就餐时，萨拉完全不知道丹尼会说些什么。"我已经准备开始行动了，"他直截了当地说道。这是很久以来的第一次丹尼让她感到惊讶。

　　"我已经根据 GDI 的材料开发出了可能销售的原型产品。公司的 CEO 在看了之后对此印象深刻。因此，如果这个创意可以创立一家公司的话，我想自行创业。现在已经有 5 家公司对此感兴趣。我已经联系了一批自由作家和工作人员，我们准备好了。但要让事情运作，我需要 25,000 美元来建造一个录制室。我还必须预付给自由作家一点钱，以便让他们开始工作；我还需要设立一家有限责任公司，购买域名，付钱给一个网站设计人员来建网站。另外，我可能还需要一点预留资金，因为我猜测有一阵子公司的业务可能会出现负现金流的情况。你知道大公司要拖延好长一段时间才会付款。如果我要投入所有的这些钱，你会同意吗？"

面临这些问题，你就触及了创造性行动思维在公司和家庭朋友中应用的一个关键区别。和前者相比，后者具有更多的维度，不同的重点，以及更复杂、更多的细微差别。

在人与人保持一定距离的商业交易中，可承受的损失的内容可能只是金钱、时间、资源和机会成本。例如，"如果我们做 X 但不幸失败的话，我们将损失 Y 美元和丧失做 Z 的机会（我们正在考虑替代的方案）。"

这些损失大多数是相当透明的，并且不需要情感的付出。金钱是一种可替代的商品；它不是为了孩子贝基的学校教育、一个新屋顶，或一次紧急事件而节约的某些东西。在公司，声誉常常是一个影响因素，但也就是个公众声誉："乔希（Josh）是个出色的销售员，乔希是个差劲的销售员……"

> 如果你已成立家庭，当遇到可承受的损失这一问题时，
> 要问的不是"我会损失或准备损失多少？"
> 而是"我们准备损失多少？"

但在家庭层面，你必须应对自己与关心的人之间因密切关系而产生的一系列不同和潜在的成本。举个例子，就像丹尼意识到的那样，如果你处在一种关系中，就不存在你自己可承受的损失一说。未来的损失会影响你的爱人（以及你的孩子们）。

你的家庭可能会面临潜在的损失。如果创业失败的话，你的爱人会对你怎么看？如果你停止支付你孩子的学费转而投资自己冒出的创意，是否会影响孩子们对你的爱？在家庭层面，社会心理的动态特性和潜在的成本总是非常重要的。

此外，在没有非常亲密关系的商业交易中，失败通常很少会有长期影响。项目可能成功也可能失败。创意可能会付诸实施也可能不会。极少会出现决策是整个公司冒险赌博的情况。

相反，如果在一个家庭发生这样的事情，影响可能会持续几十年。简单地说，如果你在公司没能收到亨德森（Henderson）的货款，那也只会影响你的职业生涯一阵子。但如果你是一位在谷歌公司公开上市之前不断告诫你岳父别投资的女婿（"哪有人会想要购买一家搜索引擎公司的股票？"），而且他还听从了你的建议转而把钱投资了一家羊驼农场，那么每年你和老丈人家人感恩节晚餐的聚会都将是令人难堪的时刻。

一般而言，你与家人采取的行动更难挽回（你可以换一家公司或一座城市生活，但换一个家庭却很难）。作为结果，对可承受的损失的计算就大不相同。不仅要考虑让自己准备损失的金钱尽可能地少（你的爱人或伴侣可能是风险厌恶者，因此你可能更倾向于让自己的创业更安全些，以便在创业不幸失败时能够很好地应对这些最密切和最亲爱的人的反应）。而且这些自我选择的利益相关者面临损失时的反应也不尽相同。

在只有略微了解（或完全不熟悉）彼此的直接商业交易中，每个人一般都能了解交易的性质。人们会把明显的资源带到谈判桌上，并十分清楚他们期待的回报是什么。

但当你把家庭卷入其中，这些事情常常就变得不那么清晰了，而且它们之间经常是相互冲突的。家庭成员可能想要支持你的努力，但也许你并不想那样，至少不要太多的支持（你真的想要一辈子欠你岳父资助自己创业的人情吗?）

作为一个支持者，你可能会发现，提供情感方面的支持是件很容易的事情，但同时却难以（或不想）提供财务方面的支持。这会导致行动者产生错综复杂的心理（"我知道我姐姐有闲余的资金。可她为什么不投资我的公司呢?"）。

在另外一个例子中，情况可能正好相反（"的确，我兄弟把钱借给了我，但他这样做是出于内疚。他从来就没有相信过我。"）。也许更重要的是，这其中经常存在隐含的附加条件，也许是许多许多隐含的附加条件。这些自己选择和你一起创业的人也不像一个商业社会中的人那样干净利落。

当父母和小孩儿参与其中时，情况会变得尤其复杂。很难想象你的父母不会以某种或其他形式成为你企业的利益相关者，一个自我选择参与和承诺的利益相关者。即使你不依靠他们（或完全不想让他们参与其中），他们依然会认为自己已经参与其中了。那是他们的职责。那是一种你无法忽视的存在。那是一种生物学意义导入的、复杂的、难以避免的一系列期望。支持你、培养你、成为你的后盾也许是他们最深切的需求。不管是要还是不要，你都将获得他们认为的支持。而且，他们也有一些期望想要得到回报，其中有些是你难以改变的。

因此，处理家庭事务是件极其棘手的事情。但在萨拉和丹尼的案例中，事情进展得相对平静。计划建造录制室的项目被暂缓了。丹尼已着手开始创业。

创造性行动思维和朋友

在完美的情况下，你的朋友会提供和你家人一样的爱、鼓励和支持（而且在现实社会中，他们甚至比家庭提供了更多的东西）。但是，由于他们与你有很深厚的感情，因此前面描述的家庭成员间所有的人际互动特性在朋友间也同样存在。

前面我们已经讨论了这种情况不利的一面，这里就不再重复了。我们将重点介绍如何让明智的行动在朋友和社会群体中得到有效的应用。我们继续以萨拉的故事为例。这次萨拉和她的朋友想在市中心创建一个室内篮球场。

萨拉曾经是高中篮球队队员，每周三晚上天气好的时候，她会和一帮朋友一起打场篮球比赛。在晚春和夏季，在某个朋友家后院的球场打场球不会遇到什么问题，但在美国中西部地区非常寒冷的秋天、冬天及早春，萨拉和朋友们要找到一个室内篮球场就很不容易了。当地学校的体育馆常年都有安排，最近的一家 Y 室内篮球场也不方便。结果，除了偶尔的温暖天，萨拉和朋友们在每年 11 月至来年 4 月期间很少有机会玩篮球。

他们想改变这一切。如果按照预测思维，他们需要拜访格莱斯顿公园的负责人，说服他做一个计划，然后游说市议会拨款 100 万美元建设一个运动中心，并每年新增 10 万美元的财政预算用来支付员工工资和维护费。如果按照市政府和城市财政预算的通常工作流程运作，篮球场要到萨拉的孙辈们都学会背后运球和扣篮时才会建成。

看过丹尼和她妹妹辛迪（Cyndi）成功应用创造性行动思维之后（参阅"能否把创造性行动思维作为约会指南？"），萨拉琢磨是否在这儿也可以应用这一思维。她开始联系每一个自己认识的人并请求他们联系他们认识的人帮忙传播一个信息，即有一群女性邻居想要用很小的费用或不花费用创建一个室内篮球场。

──▌能否把创造性行动思维作为约会指南？▐──

我们惊讶地发现，创造性行动思维同样可以应用在非常个人的层面，例如罗曼蒂克。

萨拉的妹妹辛迪两年前离了婚，在过去寻找爱情的两年里，她一直在应用预测思维的方法。她曾经既接受过计算机婚配服务，也参加过"午餐约会"，以及像《堪萨斯城市杂志》（Kansas city magazine）所描述的"最适合单身者"生活那样，在餐厅和酒吧消磨时间。当被问到所有这些行动的结果如何时，她的回答是"不好。"

在听了她姐姐解释创造性行动思维如何应用后，她有了一个不同寻常的反应："这听起来就像是一个完美的约会战略。"

在了解了自己可以从寻找爱情这一过程的任何阶段开始行动后，辛迪决定从明确自己想要怎样的对象开始："一个有趣味的男人。"婚姻不是她的当务之急。以此为起点，她问了自己几个关键问题：

我是谁？ 我的个性、品味和爱好是什么？这些特性与我苦苦寻觅另一半如何相匹配？在再三确定自己所处的实际状况后，她得出了结论：社会上有一批不想马上结婚的单身男士也在寻觅女伴。

我知道什么？ 辛迪相信她的魅力来自受教育程度、培训、经历、经验和专长。

我认识谁？ 这一问题让她感到兴奋。她相信，如果把自己应用创造性行动思维来寻找约会机会的想法告诉个人、社会、专业等网络中的每个人，她的社会生活将被大大改善。事情的发展正如她所预计的那样。她的社会网络中的人们认识许多符合她要求的单身男士，并且也很乐意充当介绍人。

辛迪继续应用创造性行动思维与单身男士进行交往。她会与每一位男士进行电话交谈（以尽可能短的时间进行调查，使之保持在完全可承受的损失范围内）。如果谈话投机，她就会提议一起喝咖啡。如果见面感觉具有成功的希望，她就会决定花更多的时间进行交往（也许是一次约会晚餐）。在这一过程的每一步，她会决定是否值得采取进一步的行动。这是应用创造性行动思维的一个典型案例，就像辛迪告诉我们的一样，"它对我来说非常合适。"

———————————————————————

在接下来的几个星期，不计其数的邮件被大量转发，但是都没有结果。可承受的损失的确非常小，无非是花一点时间写和读一封邮件，但结果还是令人沮丧。不久，一位偶尔参加周三晚上篮球活动的女士的外甥的女朋友在邮件中建议萨拉打电话给她的哥哥："他在密苏里制造公司工作，你知道他的公司最近在缩减规模吗？他的工作是出售所有没用的资产。在距你 1 英里的地方，他们有一栋老厂房，我想也许可以改造成室内运动场。"

她说的没错。接下来 9 个月的故事可以缩减成两个部分。

公司经理说他很愿意捐献这座建筑，从而可以让公司免交一部分税款。一名经常参加活动的篮球队队员，同时也是一位创建了名为篮球明星梦公益组织的律师，表示愿意接收这份捐赠。接下来她还游说了当地的企业家出租设施和捐赠物资——捐赠者可以永久地在球场边放置广告牌——来帮助把仓库改装成一个小型的休闲中心。就这样，每个人甚至包括那些与女子篮球队队员们好像都没什么关系的人在一个总承包商的指导监督下（一名经常参加篮球比赛的队员的丈夫）参加了 36 个星期六的义务劳动。

当休闲中心完工后，由萨拉和她的朋友组成的公益组织董事会同意以 1 美元的象征性年费把中心租赁给格莱斯顿公园运动中心，作为交换，市政府答应提供人员、维护、保险等支出。（说服市政府雇佣几个人和支付场馆运营费用要比让它一次性投资 100 万美元容易得多。他们已经找到了一个建筑能够作为市政府资助的日间看护中心，而萨拉和她的朋友们只在晚上和周末使用这中心，正好不冲突）

现在，每周三晚上，不论什么天气，你都会在篮球明星梦的运动中心找到正在打球的萨拉。

▶▶练习：给他人解释创造性行动思维

有人告诉我们，当他们试图为那些从来没有听说过创造性行动思维的人介绍这一思维方式时，有时会卡住。下面这些例句可以提供帮助。

"弗雷德（Fred），我想要创造或实现 X。因为 A、B、C 的原因，让我觉得这样做非常有意义。这就是为什么我想要把它做成。现在我没有办法预测这是否可行。但是就我现在所处的情景来看，行动要比什么都不做真的要好很多。因此我想先试试。"

"现在行动看起来是有道理的，因为成本很低。也许你已经知道，我会让成本变得更低。而且不是我自己一个人。我周边的一些人也想帮助我。"

"因此，那就是我想要做的。我想也许你可以通过做 Z 来起到重要的作用。"

小 结

1. **是的，创业思维和行动也可用于家庭和朋友，但是……**
这里的"但是"显然是指情感因素。当你和家人及朋友们打交
道时，没有考虑情感因素是非常不明智的。它需要花费极大的
精力来关注。

2. **可承受的损失的计算因家庭和朋友的不同而大不相同。**
这是基于上一点的考虑。当你的行动涉及亲近和亲爱的人的时
候，失败对你而言远不止金钱的损失。必须根据具体情况进行
计划。

3. **记住同时扮演两个角色。**在涉及家庭和朋友时，你依然
可以应用创造性行动思维，不论是你准备实现某个想法（萨拉
想要有个冬天可以打篮球的地方）还是支持其他人的时候（萨
拉促成丹尼的创业）。

第十章
创造性行动思维如何让世界变得更加美好

我们这一标题并非夸大其词。创业家们可以应用创造性行动思维来解决那些看起来无法解决的问题——卫生保健危机，以及其他各种社会问题。大致来讲，创造性行动思维及更大的创业思维和行动概念可以从两个方面让世界变得更加美好：创造就业机会和解决大难题。

不论你如何评论政治家们，他们知道内容无非就是经济和创造就业岗位。他们也许应该把创造性行动思维加入他们的工具包中。

正如我们在第八章所看到的那样，在过去的 25 年间，如果扣除解雇和退休人员，大型上市公司并没有创造任何新的就业机会。大公司的确进行了创新，而且这些努力的正面效果或许可以抵消一些未能创造更多就业机会的负面效果。但是，当扣除所有这些事项后，你会发现新创企业（独立且在现有企业内部创立的）才是唯一创造就业机会和让人们成为并留在中产阶层的组织。的确，会有大量的新创企业失败，从而消灭了自己创造的工作岗位。但是，那些成为高速增长的新创企业雇用了大量的人员。这就是为什么是它们带来了工作岗位的增加。由于还没有已知的方法可以成功预测哪家新创公司可以成为"羚羊企业"[1]或高速增长的企业，因而，也就没有任何人或组织知道如何在企业创立之初就帮助它们成为羚羊企业。出现更多这样的公司的唯一方法就是鼓励社会创立更多的新公司。

让世界更加美好对行动者（他最终获得一份工作）、他或她的家庭，以及他们所处的社区的回报是明显的，不论是从心理还是从物质层面。成功的创业精神将复兴那些衰退的城市，降低犯罪率，给教堂和其他社区等地方组织注入新的生命。在过去的几十年间，创业精神让全世界消除贫穷的努力有了一定成效，而且当它和微观财务解决方案协同时，就成为消除贫穷战斗中的一支重要力量。而且，反过来又促进了社会政治的稳定。年轻人缺乏工作机会是导致政治不稳定和全球恐怖主义滋生的一个重要原因。

但是，创造性行动思维在个人生活中的用处远比创立一家新企业要多。创造性行动思维影响的是你生活的每个方面。你就像是一名驾驶员而不是乘客开车上了高速公路。手握方向盘给你带来了更多的控制感和更多的选择。提升对周边环境的控

---

[1]　羚羊企业是指快速发展的新创企业及小型技术和服务公司。相类似的比喻还有"独角兽公司"，指那些估值超过10亿美元的创业公司。——译者注

制能力是增加自信心和个人满足感的一种有效方法。对许多人甚至是所有人而言，拥有一个远大的目标当然是一件美妙的事情，但是，看到自己在关注的事情上取得进步，我们的心情、兴趣、创造性、幸福感等都将得到令人震撼的提升，这就是对创造性行动思维最好的描述。

解决棘手的问题：自上而下的集权

许多的政策制定者和学者相信，一个有效的大规模的变革需要自上而下的推动力和详尽的计划（"大问题需要大的解决方案"）。但是经验却表明情况并非如此。由于大问题涉及众多的普通民众，因此在不同的政治理想、内部争斗、冲突性个人议题的重压下，任何想要组织他们一起前进的努力都有可能失败。

如果我们关注当今社会的三大难题——医疗保健、能源、教育，你会发现它们都在从本质上抵抗自上而下的干预，而且现在都开始进行以当地或社区为基础的自下而上的试验。我们已经有大量的民众对这些问题进行了深刻的思考。我们不是要停止这样的思考，但是我们需要明白，这些深刻的思考需要与事实证据相结合。来自明智行动的证据可以帮助我们找出未来的发展方向。

巨大的变革可以从基层进化而来。采取小步的明智的行动的一个主要优势在于它可以帮助人们克服我们视为"最优的正确答案的专制"。

"最优的正确答案的专制"是指，当我们极度希望某些事情变得更好时，我们就会转向寻求计划者、政策制定者、专家学者的帮助。但问题是，这些人的想法本身就不一致。当一些人告诉你有些事情可以做的时候，其他一些人却说不能做（或者"它可能会有可怕的副作用，"或者"其他人对相似的东西已经感到厌烦了而且根本就无法实施，"或者……）。

关键问题不是未来不可预测，而是每一方都对自己的预测相当自信，但这些预测却经常相互矛盾。一个专家对某些事情相当确定，而另一位专家却相信完全相反的情景。这种情况导致的结果是，由于缺乏任何共同的基础，某种程度上是潜在可预测的未来却变成了未知。我们只好止步于僵局而且毫无办法。

打破这种僵局的方法是运用本书所介绍的限制在可承受的损失范围内的小的、明智的、创造性的行动。你不知道将会发生什么，但唯一能够找出解决方案的方法是采取一小步行动看看结果如何，然后找出下一步行动的方案。

创造性行动思维仅要求采取一系列新的、小的、明智的行动，一个试验性的项目，一种不同的做事方式，来看看将会发生什么。积极的结果可以建立在那些看似有成功希望的试验的基础上。

在一个没有人能够真正知道未来的世界里（一个或许你应该那样来认识的世界里），你要创造尽可能多的解决方案。采取这样明智的行动是让不可能成为可能的一个关键。面对未知的世界，明智的行动要优于由于无休止的争论而被遏制（或没有任何进展）的进程。

许多知识导向的人会说："不对，当你面对一个复杂的情景时，最好先想清楚，因为在完全了解之前，你可能采取的是损失惨重的行动。"但是小步的行动不会导致灾难性的结果，即便这些行动是错误的。大的或影响巨大的想法当然有用。但是，没有证据表明依靠大想法我们就可以解决这些问题。

例如，1972 年美国总统吉米·卡特（Jimmy Carter）呼吁美国公民在消费模式上进行全面的改变，以便从根本上减少美国对国外原油的依赖。汽车的里程要求被大幅提升，一些节能措施被改成强制要求。但直到今天，美国对国外原油的依赖性比当时还要高。

而在相同时期，我们看到个人和组织们也采取了他们自己的行动，在社区或员工中减少碳排放的努力得到了广泛的推广。这些明智的行动的结果表明，和通过政府来推动大政策实施相比，我们自己解决这些问题的能力毫不逊色。

可推广性要求的局限性

当我们指出是个人而不是政府在减少能源消费方面取得了最大成效时，也有不同的声音："很好，了不起！但是，它无法推广。"

> "可推广性"背后的想法是你终究需要一个宏观的解决方案。
> 但是，为什么那样就一定是正确的呢？
> 也许众多符合当地的小创意才是最合适的。

我们的社会过去常常轻率地要求任何涉及公共政策的想法都必须符合3亿（或70亿）人民的要求。但是没有理由要求每个想法都必须是个大的解决方案。你不会因为它不会成为《纽约时报》（*New York Times*）一个爆炸性的头版新闻，就放弃自己具有创业精神的行动。

除此之外，可推广性的问题经常就像是一个众所周知的分不清主次的情况。一个个体或公司，甚至一个政府，也许会认为自己拥有一个大想法，但问题是没有任何一个主体能够最终决定那是否真的是个好主意。只有市场（商业或政治的）才能决定。换言之，我们的想法以及商品的茂盛并非来自我们自己，而是源于我们的顾客（或普通民众）。

预测我们的顾客会做什么通常很难（预测未来的顾客会做什么则更加困难），即使可以做到，构思一个伟大创意的更好方法可能是从更多有潜力的点子开始的。这正是创造性行动思维的用武之地。

如果100万人以100万种小的明智的方式采取行动，随着系统的不断改进，可推广性问题可能就不重要了。因此，在一开始，并不需要最佳的行动，向前推进就好。

1966 年 6 月 6 日，罗伯特·F. 肯尼迪（Robert F. Kennedy）
（后成为纽约州的参议员）在南非开普敦大学演讲时说道：

> "几乎没有人伟大到足以改变历史本身，当我们每个
> 人都可以改变事情的一小部分，当这些改变加起来的时
> 候，我们的历史就是这么写成的。是有关勇气和信念的无
> 数次行动塑造了人类的历史。每一次，当一个人为一份理
> 想挺身而出，当一个人为更多人更好的生活而奋斗不息，
> 当一个人为反对世间的不公而勇往直前时，他的身上就会
> 迸发出一丝希望的光芒，和来自几百万不同世纪的力量和
> 勇气交相辉映，这些光芒能够汇成一股横扫强大的压迫和
> 抵抗的城墙的电流。"

我们许多人并不一定想要阻止地球变暖或改变世界，我们
想要的只是改善我们的小区和街区。我们能够做到。我们每个
人都能够成为"积极的离经叛道者"，这些小成功将汇集成其
他人可以看到的结果，他们中的一部分人将在我们所创造的基
础上起步腾飞。以美国面临的教育危机为例，我们知道，教师
和校长可以让事情变得不同。这两个要素要比建校舍、政府拨
款，以及其他任何东西都更有影响力。因此，作为个体的你可
以做些什么呢？不是试图在国家层面影响教育，实际上这一进
程已经由于困难太大而陷入僵局，你可以改为关注聘用一位更
好的老师和 / 或校长。随着时间的推移，这些小成功将吸引更

多人加入来帮助解决更大的问题。并且，基于我们下面谈论到的原因，吸引更多人加入所花的时间也会逐渐减少。

如你所知，我们生活在一个更加开放资源、更加社会化的世界里。创意可以独立于语言或文化自由地来往于任何地方。但在 20 世纪，一个主要由物理世界主导的时代，从一个地方到另一个地方获取信息需要花费许多时间。显然，互联网改变了这一切，它让更多具有相同想法的人在线上自行组织。

任何可行的事情都要比过去传播得更广泛、更迅速。公开的好想法将会找到有兴趣的听众把它在当地付诸实施。所有这样的互联特性迅速地改变了一个单独的好想法影响大众的能力。现在我们可以通过互联网把微行动变成大飞跃。

来自组织的帮助

创业思维和行动及更具体的创造性行动思维可以改善我们的生活。但是，如果社会上的大型组织也参与的话，那么让世界更美好的愿望将会更早实现。而且，正如我们所言，它们的确也开始行动了。接下来让我们看看它们在做些什么，以及我们希望它们做些什么。

政府

正如我们所谈到的那样，联邦政府层面的优先事项之一是让美国变得更具创业精神。创业精神应该被视为经济增长的最佳路径。我们的政府已经严肃地承担起了自己的责任并在积极尝试孵育更多的新创企业。这是一件好事。

正如我们所看到的那样，政府可以通过资助解决医疗保健费用等这种大问题的小项目来鼓励创造性行动思维。医疗保健费用较高的一个原因是医疗事故诉讼和随之而来的诉讼费用。纽约市正在进行一项由联邦政府资助的低成本的快速诉讼结案试验项目。是否会成功？没有人知道。但它是一个值得尝试的试验。

本书的主要内容是创造性行动思维，以及如何把它应用于日常生活。政府能够激发创业精神吗？没有简单的答案。而且也不应该有。因为那不是政府应该扮演的角色。但这也并不是个坏消息。自从进入文明社会，创业精神已经花繁叶茂。我们的社会建立在几千年的创业行动之上。创业精神已经成为我们的基因。不管有还是没有政府，我们都将继续进行创业精神的思考和行动。如果政府应该扮演一个主要角色的话，那应该是阻止任何对创业精神的干扰。

政府可以为个人为解决他们社区所面临的问题而进行的思考和行动创造机会，然后把这些想法扩展为更基础、更宏观的解决方案，而不是等待自上而下的宏观政策导向的解决方案。扎根于普通大众的个人行为的解决方案要比政府的方案更持久，并且效果也更好。

政府还可以扮演的另外一个角色是：帮助教育者们。

学校

我们的教育机构的工作是教导人们如何思考。我们在这里提出的创造性行动思维很容易传授，因为人们对此已经很了解。他们唯一需要做的只是更多的练习。但那只有在它被视为对充斥当今教育系统的预测思维的一种合法补充时才可能实现。

不是说需要更多的课程或替代现有的课程。我们只是简单地要求增加一种深思熟虑的有意识的"行动要素"到那些已经在教授的课程中。我们想要让学生认识到，当面对一个应用预测思维无法产生令人满意的回答的问题时，一种逻辑上合理的对策是尝试创造性行动思维。

当今学校强调的教学内容是以牺牲传授人们如何行动为代价的。为一个假想的可预测的世界培养人才的教育体系应该同时培养能够熟练掌握明智行动方法的一代人。因此，我们建议的要点是应该在学校进行有意识的试验，从而开发学生们在现有的认知技能之外的行动技能，或至少防止他们失去该技能。应该让这种思维方式具有合法性，以便让学生们进行练习。

例如，百森商学院的战略是以一个稳健的辅助课程体验为中心的，它聚焦于让人们在学习创业精神的同时像创业家那样生活——数学式生活与数学学习并行，科学式生活与科学学习并行。我们相信，这种体验式的学习方式将有助产生一批更有效的行动者们。

你已经看到这种情况的发生。工程学院的许多合作项目的目标是让学生能够走出象牙塔来实践他们所学的知识。这样做的关键是尽可能早地应用这种思维方式。想想我们在第九章中讨论到的双语能力。儿童可以毫不费力地学习第二种语言并在两种语言中自由穿梭。但随着你的成长，这种情况就会变得愈加困难。这和你试图教授思维方式的情景是一样的。增加创造性行动思维的教育会令人感到兴奋，并可以重振疲惫不堪的教师和教育体系，调动所有校长的积极性并团结他们一起为我们的社会提供满足 21 世纪工作所需的合格公民，因为他们具备了 21 世纪所需的思考能力。

企业

我们的企业怎么办？他们会培育创业精神的思维方式吗？我们已经讨论了创造性行动思维与大公司的逻辑背道而驰的原因。尽管如此，有关这方面的尝试还是在不断增加。那些没有达到预期增长目标的公司还在努力寻找新的替代方案。它们对开放创新和设计思维等表现出的兴趣就是一个证明。尽管它们可能隐蔽在许多的案例中，但我们有理由相信创造性的努力正在进行。企业将证明创造性逻辑的价值。

企业同样也可以提供一个巨大的、仅次于个人创业精神努力的传播机制。任何像创造性行动思维那样能够带来更好的商业结果和竞争优势的管理实践都可以迅速地被全球的商业公司所接受。全面质量管理或六西格玛、重组、顾客关系管理、经济利润等最佳管理实践都是源于某个企业内部，然后验证完善，最后传播扩散到全球商业界的。

社会企业和宗教团体

社会企业是另一回事 [1]。社会企业的出现源于人们内心的需求。它完美地符合本书的原理。

社会企业的领导者应该注意并停止对正式计划的过度应用。每个人都知道，在面对不可知情景时，计划是愚蠢的。领导者们需要把他们的社会企业家从仅应用预测思维的束缚中解放出来，改为学习如何更好地支持他们的创造性努力。

你可能对我们把宗教组织包含到社会企业中的行为感到奇怪。的确，正统的理论极少认为宗教组织具有创业精神，即使尝试过也鲜有平稳推进的案例（这时你的脑海中会马上涌现出马丁·路德·金的形象）。另一方面，我们也的确看到宗教机构在人权和社会公平方面扮演的领导力中存在大量创造性行动思维的证据（例如，马丁·路德·金和人权运动）。而且，我们已经看到创造性行动思维如何被应用于一个不受教派控制的新教堂、犹太会堂、清真寺的创建过程。各种教堂的传教工作都是在面对不可知情景时的创造性努力行动。

回到起点

我们的政府可以提供激励，可以清除那些阻碍人们运用创

---

[1] 英国社会企业联盟定义社会企业为："运用商业手段，实现社会目的。"社会企业的创立者称为社会企业家，他们认识到社会问题，运用企业家精神及方法来组织、创造、管理一个企业，从而达到社会改变的目标。——译者注

造性行动思维的障碍。

商业公司可以尝试，证明创造性行动思维的价值，并开展竞争。

社会企业家们可以创建新的组织，构建共同思维的社区。

但最重要的是，我们每一个人，无论你是为人父母还是教师或学生，都应该为我们生来就是创造者而高呼。

我们所需要的只是拥有愿望、利用手上的资源快速行动、先迈出一小步、吸引我们的朋友加入、把进一步的行动建立在发现的基础之上。

让我们开始行动吧。

后记
对部分评论和问题的回复

人们对创造性行动思维抱有与生俱来的怀疑，这很正常。如果你想成为一个创造性行动思维的倡导者，我们希望你是如此，你要意识到会有抗拒。下面是我们对所收到的相关评论和问题的回复。

1. 整个内容听起来太简单了！

我们知道你不是要夸奖我们，但是不管如何，还是想要谢谢你。我们的意图就是要让这一切变得简单和容易理解。从最基础的层面而言，作为一种能丰富你思维方式的方法，创造性行动思维就是我们大家以前都做过的事情，只不过被我们描述得更加逻辑了一些而已。

作为一个婴儿、学步的幼儿、学前儿童，你第一次碰到的每件事情都是未知的。正因为如此，你才尝试做些什么。你哭泣，你蹒跚行走，你把自己的手指伸进电源插孔……作为行动的结果，一些事情发生了：有些是好事儿（走路），有些是坏事儿（晃动了电源插座）。在那个阶段，那些行动就是你应对自己不可预测世界的方法。你采取一些小行动来了解和学习。

随着时间的流逝，我们逐渐对这种生活方式感到陌生，因为它被用来解释阅读、写作、算术，甚至是任何事情的预测思维替代了。但是，孩童时期所拥有的天生的学习方式依然伴随着我们。我们只是想帮助你把它重新找回来。

2. 你们怎么知道现实生活是这样的？为什么我要相信它与其他书呆子的理论有所不同？

你说对了我们的背景（我们是学者），但是我们每个人在职业生涯中都曾承担过具体的利润指标考核的职责。我们并不需要你马上相信创造性行动思维。信仰不会让你实现目标，而行动才会。这些内容要么让你获得足够的共识从而开始尝试，要么没有任何影响。不要相信我们的建议。你应该采取一小步明智的行动，然后看看它是否适合你。如果是，接着继续。

3. 你们的整个观点可以简化为"准备、瞄准、射击"对吗？这不是显得相当愚蠢吗？

我们说过，整个方法应该总结为：瞄准、射击。没有大量的准备。从本质上而言，我们说的是，当你身处不知道将要发生什么而且行动是低成本的情景时，应该利用手上的资源或能够快速获取的资源开始行动。

至于是否"愚蠢"，在尝试之前你是无法知道的。在行动之前，那些思考可能才是愚蠢的。只有想法肯定不会带你去任何地方。（顺便提一下，这种方法已经被许多明智、成功的连续创业家们所证明。他们并不认为这种方法是愚蠢的。那也是

当初引起我们好奇的原因）

4. 谁会花时间沿着不知通向何处的道路采取一系列的行动呢？面对有限的时间、资源和能力，我不能轻率地浪费它们。

同意你的说法。但面对不可知的情景，你实际上只有三种选择：（1）你可以一直思考直到得出毫无希望或问题太难从而准备放弃的结论。（2）你可以进行各种思考直到确定绝对可行时再采取行动……但可能的结果却是（a）你依然可能不正确；（b）在进行思考的时候，有些人已经领先你找到了方案或修改了原来的解决方案。（3）你可以在思考后采取一步迈向解决方案的明智行动，即使是错误的，代价也很低（留下足够资源以备再次尝试）。

5. 我认为这种方法适用于那些准备创立一家小企业的人。但我需要 5 亿美元来创立一家生物科技公司，这种方法将如何帮助我？

可能无法提供帮助，至少在你创业的早期阶段。顺带提一下，通常只有在生物技术等领域进行创业时才会需要那么多的资金。但可以明确的是，你可以应用可承受的损失这一原理来帮助自己确定是否真的要全身心地投入到建设自己的生产设施、生物技术实验室或其他需要大量资金的创业活动中。而且，一旦获得资金，你还可以在产品开发中适度地应用创造性行动思维。

但是在某些时候，你的确需要吸引大笔投资。这将意味着你需要找到专业的投资者，那是些依赖于并要求你也依赖于预测思维的投资者。那样也很好。记住我们曾经说过的观点。把可承受的损失作为重要内容之一的创造性行动思维并不是设计来替代预测思维的。在许多强调未来现金流和投资回报的大笔资金融资场合，预测思维依然大有用武之地。当遇到这样的情景时，你不妨就使用预测方法。

6. 这种方法在我工作的大公司永远无法实施。

也许你是对的。但是，作为工作在大公司并且与大公司曾经共事过的老兵，我们知道情况是这样的：大公司愿意承诺实施能够帮助它们合法盈利的任何事情。如果能够保证应用创造性行动将让他们获得成功，他们是不会拒绝的。（如果他们真的拒绝了，那一定是你的想法没有正确地呈现给他们。）

7. 你见过我们的市长吗？市议会吗？学校董事会吗？牧师吗？当你说创造性行动思维适用于我们生活的所有方面时，指的是什么？

除非你采取行动，否则你所拥有的无非就是想法。如果认为创造性行动思维不可行，你就不会采取行动，你所拥有的就是无法实施的各种想法。而那不过是个自我应验式的预言。

我们的观点是：你需要行动来创造你想要的东西。一旦行动，你就获得了证据。只有证据才能确认，这种方法可能在你的市议会没有用，也可能在你的教区没有用，那是因为你的确无法克服面前的政治阻碍。但是，我们的确已经看到这种方法在政府和宗教组织中得到了有效应用。底线是：除非你采取行动，否则你永远无法确定。

8. 也许这种方法可以用于商业社会，但你没有见过我的岳母、怪癖的妹妹或奇葩的朋友，你怎么可能知道这种方法可以用在家庭和朋友中？

你是对的。这种方法可能不适用于姻亲关系。（如果我们的亲家正在阅读本页的话，请把这看成个玩笑。如果他们没有读到的话，那就是真话）

尽管每个家庭和朋友的特性不尽相同（可承受的损失的概念在这里尤为重要），但我们已经看到创造性行动思维是可行的，甚至帮助有些人获得了约会。

9. 如果这是个好主意，为什么学校没有教授它呢？

我们的问题和你一样。我们的学校现在培养的是将在 2065 年成为社会主力的学生。谁能够预测出他们需要掌握哪些知识和技能呢？由于他们将要面对的社会充满了不可知性，因此他们必须掌握尽可能多的有用的工具，创造性行动思维肯定可以名列其中。我们学校是传授思维方式的场所。而且我们在这里提倡的思维方式很容易被传授，因为人们早就知道了。他们所需要的仅仅是更多的练习。我们的建议是：不需要增加新的课程。需要的只是把创造性行动思维嵌入你们正在进行的教学中，从托儿所开始一直持续到研究生教育阶段。

10. 我们面临的问题既大又迫切。你为什么相信创造性行动可以改变世界？

问题的确如此。无论是更广泛的创业思维和行动还是更具体的创造性行动思维都不可能提供完整的解决方案。但是它们是其中的一部分，被忽略和未被有效应用的一部分。要知道，创业家们已经通过创造数百万的新东西对人类社会做出了精彩绝伦的贡献。

创业思维和行动的惊艳来自它创造了一个可定义为创造性行动思维的逻辑或推理，否则它看起来就像是一个无从知晓的黑盒子。它让人们对创造性行动思维有了更明确的了解，并将其应用于生活的各个方面。它成了我们日常生活的一部分。

绕了一圈，回到起点。当人们读到我们所说的和所想的东西时可能会说，"可我已经知道了呀。"那恰恰就是我们所希望的。

小　结　一分钟简短的创造性行动思维研讨会……精炼成几句话

1. 知道你要什么。

2. 尽可能早地采取实现自己愿望的一步明智行动，那就是，利用手上已有的资源开始行动；保持在自己可承受的损失范围内，如果合适的话吸引更多的人加入。

3. 让现实成为你的朋友。接受现实并把自己的发现构建到下一步的行动中。

4. 重复 2 和 3 的行动，直到实现自己的目标或确信它是无法实现的，或者决定放弃然后做其他事情。

扩展阅读

从贡献的角度而言，你可以看到萨阿斯·萨阿斯瓦斯的研究对我们的重要性。她的著作，《卓有成效的创业》（*Effectuation：Elements of Entrepreneurial Experience*）[1]，描述了连续创业家们的思维和行动过程。如果想要学习，请访问她和同事们一起运营的一个活跃的网站 www.effetuation.org。

在第一次读到她的著作时，我们就发现她的想法令人兴奋并具有独特的原创性，我们想要做进一步的探索（愿望）。2009 年 2 月，我们创建了一门课程：行动胜过一切（Action Trumps Everything）（www.actiontrumpseverything.com），并邀请了我们的朋友和同事参与其中（利用手上的资源开始行动）。所需的资源只是我们的时间和借用教室的一点租金（在我们可

---

[1]　〔美〕斯图尔特·瑞德、萨阿斯·萨阿斯瓦斯、尼克·德鲁、罗伯特·维特班克、安妮-瓦莱丽·奥尔斯，《卓有成效的创业》，新华都商学院译，北京：北京师范大学出版社，2015 年。——译者注

承受的损失范围内），这也让我们所收的学费很低。每个培训班都让我们获得了来自参与者们（年龄从 16—70 多岁的创业家、社会企业家、家庭、朋友、支持者、创业者的老板）的反馈意见和感受（构建于我们所发现的情况），这些人参与了本书内容框架的开发过程。他们又邀请了他们的朋友和同事参加后续的培训班（他们带来了其他参与者）。

在这些培训课程中，我们每次都发现了许多可以增加到我们最初设想中的新点子。我们创造的创造性行动思维（Creaction）这个词部分源于这些新增的内容，并希望它与萨阿斯·萨阿斯瓦斯的效果逻辑（Effectuation）有所区别。基于我们从这些培训课程中所学到的知识以及下面段落中提及的更多文献，2010 年我们出版了《行动胜过一切》（*Action Trumps Everything*）一书（Black Ink Press）。

我们新增的最重要的概念是愿望，它是面对不确定性时的一种重要补充和对应物。这个主题的来源之一是威廉姆·欧文的《愿望》（*On Desire*）一书 [1]。

与愿望联系密切的是发现和创造机会的想法。已有大量的书籍涉及了这些主题。与创造过程相关的一部优秀著作是罗伯特·弗里茨的《阻力最小之路》（*The Path of Least Resistance*）

---

[1] Lrvine, William B., *On Dessre: Why We Want What We Want*, New York: Oxford University Press, 2007。——译者注

一书 [1]。从完全不同的视角来探讨这一问题的是大卫·加伦森的著作《高龄大师和年轻天才》（*Old Masters and Young Geniuses*）一书 [2]。

加入（Enrollment）是第三个在萨阿斯·萨阿斯瓦斯的效果逻辑理论中没有提及的要素。它构建在创新学会首创的组织学习理论基础之上，该理论在彼得·圣吉（Peter M. Senge）的《第五项修炼》（*The Fifth Discipline*）一书和过去 40 年大量的人力资本研讨会中已被大量提及。刘易斯·海德的《礼物》（*The Gift*）一书提供了加入这一概念背后大量精神方面的描述 [3]。

与此同时，百森商学院的丹娜·格林伯格（Danna Greenberg），凯特·麦科恩·斯威特（Kate McKone Sweet），H. 詹姆斯·威尔逊（H. James Wilson）教授也撰写了《新一代创业精神领导者》（*The New Entrepreneurial Leader*）一书，书中提出了一个再造管理教育的综合性框架，这一框架将帮助开发那些能够并且将重塑社会和经济机会的领导者。

我们也非常欣赏彼得·希姆斯（Peter Sims）的著作《小

---

[1]　Fritz, Robert, *The path of Least Resstance: Learning to Become the Creatre Force in Your Own Life*, New York: Ballantine Books, 1989。——译者注

[2]　Galenson, David W., *Old Masters and Young Genivses: The Two Life Cycles of Artistic Creativity*, Drinceton: Princeton University Press, 2007。——译者注

[3]　Hyde, Lewis., *The Gift: Creativity and the Artist in the Modern World*, London: Vintage, 2007。——译者注

赌注》（*Little Bets*）[1]，该书涉及许多与我们在本书中强调的相同的主题。他书中的"进一步阅读和资源"（Further Readings and Resouraes）一章为进一步学习本书的内容提供了大量的资源。

本书描述的绝大部分观点经得起独立的学术审查和实践检验，某些观点甚至已经存在了几十年。但是，在我们的课程之前，它们还从未以这种方式整合过。虽然已有研究文献中尚不存在这样的完整模型，但有过创业经历的人们基于他们的生活经验已经提供了强有力的证明。与书中的承诺相一致，我们相信现在是提出这一模型的时候了。

---

[1]　Sims, Peter, *Little Bets: How Breakthrongh Ideas from Small Discoveries*, New York: Simon & Schuster, 2013。——译者注

致　谢

本书实际上是我们对从成百上千参加"行动胜过一切"培训课程的学员身上所学内容的总结报告。我们要特别感谢这些校友和朋友：Dick Balizer, Paul Bauer, Les Charm, Mike Chmura, Mary JoCook, Eliot Daley, Wayne Delker, Pete Dolan, Diane Fulman, Carol Hacker, Kerry Hamilton, Miriam Hawley, Sherry Immediato, CherylKiser, Martin Krag, Kurt Malkoff, Doug Milliken, Amy Eosen, Julia Ross, Hohann Sadock, Richard Voos, Joel Yanowitz, Caul Youngman, Ken Zolot.

我们想特别感谢那些用数不清的时间帮助发展和表述本书观点的人们：Shahid Ansari, Scott Aronow, Chuck Conn, Heidi Sparkes Guber, Heidi Neck, Stever Robbins, Steve Tritman。

我们无比感谢来自我们夫人的支持、热情和奉献：Carolyn Kiefer, Phyllis Schlesinger, Alison Davis Brown；以及我们的孩子：Peter Brown, Shannon Brown, Becca Schlesinger Ferat, Megan Kiefer, Adam Payne, Jarl Payne, Katie Schlesinger

Ferat, Emily Schlesinger, Nkck Viscomi, Sam Viscomi。他们对本书的写作和课程做出了许多贡献，也许最重要的是他们把生活作为创业思维和行动活生生的案例研究而做出的贡献。

最后，我们想要感谢 Ann Crews, Kristen Palson, Rebecca Saraceno, Stephani Finks, Melinda Merino, Jen Waring, 以及哈佛商业评论出版社的其他工作人员，你们的帮助使得一份手稿最终成为一本书籍。

主要术语英汉对照

Acceptable Loss　可承受的损失

Action、Learn、Build　行动、学习、构建

Creaction　创造性行动思维

Creative Tension　创新张力

Co-creation　合作创造

Co-creator　合作创造者

Committed Stakeholders　承诺型利益相关者

Desire　愿望、心愿、希望、渴望、欲望

Entrepreneurial Thought and Action　创业思维和行动

Entrepreneurialism　创业精神主义

Enrollment　加入（参与）

Negative Emotional Response　负面情绪

Out-of-the-box Innovation　创造性的创新

Passion　激情

Prediction　预测思维

Professional Creator　专业创造者

Positive Emotional Response　正面情绪

Serial Entrepreneurs　连续创业家

Reason　理性

Smart step　明智行动

译者后记

第一次读到这本书是在百森商学院。2012 年 3 月 11-24 日，我参加了由百森商学院为大中华地区高校教授们举办的创业思维和行动（Teaching Entrepreneurial Thought & Action，TETA）项目的培训。在课程结束的晚宴上，参加培训的每个教师都从本书作者之一，当时的百森商学院校长伦纳德·A. 施莱辛格手中获赠此书。因此，当厦门大学管理学院计划翻译出版百森商学院教授创业学经典丛书时，我欣然接受了翻译这本书的工作，尽管我知道这是一件对商学院教授而言最没有个人经济效益的事情。

百森商学院是创业学领域的领导者。我参加的 TETA 项目课程主要是向大学从事创业管理教育的教授及商学院院长传授百森商学院的创业教育理念、内容及方法。国内的创业管理教育理念基本可以概括为三个演进阶段：首先是本书中所描述的预测思维阶段，创业教学的内容基本围绕创业计划书进行；然后是以蒂蒙斯的创业过程为基础，商机、资源、团队构成了整个教学内容；最后是现在采用百森商学院的创业思维和行动来构建教学框架和教学方式的学校越来越多。

我的创业管理教育经历是从 2002 年到厦门大学任教开

始的，而涉及创业管理教育的时间就需要追溯到更早的 1997
年。在英国爱丁堡纳皮尔（Napier）大学做访问学者时，我旁
听了 MBA 创业管理课程。后来，在爱尔兰利莫瑞克大学攻读
管理学博士时以创业管理作为研究方向。我的导师是帕特里
克·弗莱明（Patrick Fleeming）教授，她从事创业管理教育多
年，自己也是一位女企业家。

多年的创业管理教学经验让我相信，本书以及百森商学院
所倡导的创业思维和行动以及更具体化的创造性行动思维的确
更好地描述了创业家们的思维和行动方式，也是一种值得在创
业教育中大力推广的一种教学理念或方式。有趣的是，这种思
维方式看起来没有什么过人之处，但在课堂上给那些过去绝大
多数时间基于预测思维生活和工作的学生尤其是 MBA 学生进
行练习时，效果的震撼程度让人难以忘怀。行动胜于一切。

我想感谢在本书翻译过程中给我提供热情帮助的厦门大学
管理学院的沈艺峰老师和周欣老师。特别感谢我的家人，尤其
是我的夫人江瑜女士，她通读了我的译稿，并从一个创业家的
经验和视角给出了许多很好的修改建议。

相信本书的翻译存在瑕疵和缺点，欢迎各位读者指出
（guolin@xmu.edu.cn），从而希望以后有机会再版时，可以改进。

郭霖 博士 教授

2016 年 11 月 16 日

于厦门瑞景公园